Série Dilemas Modernos 3

Dependências Não Químicas e Compulsões Modernas

EDITORES DA SÉRIE

Marcelo Niel

Alessandra Maria Julião

Dartiu Xavier da Silveira

EDITORA ATHENEU	São Paulo –	Rua Jesuíno Pascoal, 30
		Tel.: (11) 2858-8750
		Fax: (11) 2858-8766
		E-mail: atheneu@atheneu.com.br
	Rio de Janeiro –	Rua Bambina, 74
		Tel.: (21) 3094-1295
		Fax: (21) 3094-1284
		E-mail: atheneu@atheneu.com.br
	Belo Horizonte –	Rua Domingos Vieira, 319 – Conj. 1.104

PRODUÇÃO EDITORIAL: Sandra Regina Santana.

Dados Internacionais de Catalogação na Publicação (CIP)
(Câmara Brasileira do Livro, SP, Brasil)

Dependências não químicas e compulsões modernas /editores Marcelo Niel, Alessandra Maria Julião, Dartiu Xavier da Silveira. -- São Paulo : Editora Atheneu, 2016. -- (Série dilemas modernos ; 3)

Bibliografia.
ISBN 978-85-388-0708-7

1. Compulsão à repetição 2. Comportamento compulsivo 3. Dependência (Psicologia) 4. Disturbios obsessivos-compulsivos - Tratamento 5. Transtornos do controle de impulsos I. Niel, Marcelo. II. Julião, Alessandra Maria. III. Silveira, Dartiu Xavier da. IV. Série.

16-03543   CDD-616.8584

Índices para catálogo sistemático:
1. Comportamento compulsivo : Tratamento :
Ciências médicas 616.8584

NIEL, M.; JULIÃO, A. M.; SILVEIRA, D. X.
Dependências Não Químicas e Compulsões Modernas, Vol. 3 – Série Dilemas Modernos

©*Direitos reservados à EDITORA ATHENEU — São Paulo, Rio de Janeiro, Belo Horizonte, 2016.*

Editores do volume

Dartiu Xavier da Silveira
Psiquiatra. Mestre e doutor em Psiquiatria e Psicologia Médica pela Universidade Federal de São Paulo (Unifesp). Professor livre-docente da Unifesp. Membro da International Association for Analytical Psychology (IAAP) e da Sociedade Brasileira de Psicologia Analítica (SBPA). Coordenador-geral do Programa de Orientação e Atendimento a Dependentes (Proad).

Marcelo Niel
Psiquiatra e psicoterapeuta de Orientação Junguiana. Mestre em Psiquiatria pela Universidade Federal de São Paulo (Unifesp). Doutorando do Departamento de Saúde Coletiva da Unifesp.

Editores do volume

Dartiu Xavier da Silveira

Psiquiatra. Mestre e doutor em Psiquiatria e Psicologia Médica pela Universidade Federal de São Paulo (Unifesp). Professor livre-docente da Unifesp. Membro da International Association for Analytical Psychology (IAAP) e da Sociedade Brasileira de Psicologia Analítica (SBPA). Coordenador-geral do Programa de Orientação e Atendimento a Dependentes (Proad).

Marcelo Niel

Psiquiatra e psicoterapeuta de Orientação Junguiana. Mestre em Psiquiatria pela Universidade Federal de São Paulo (Unifesp). Doutorando do Departamento de Saúde Coletiva da Unifesp.

Autores

Aderbal Vieira Junior
Psiquiatra e psicoterapeuta. Mestre em Ciências pela Universidade de São Paulo (USP). Doutorando do Departamento de Psiquiatria da Universidade Federal de São Paulo (Unifesp). Responsável pelo Ambulatório de Tratamento de Dependências Comportamentais do Programa de Orientação e Atendimento a Dependentes (Proad) – Unifesp.

Alessandra Maria Julião
Psiquiatra pela Escola Paulista de Medicina da Universidade Federal de São Paulo (EPM-Unifesp). Especialista em Psicoterapia de Orientação Psicanalítica pela EPM-Unifesp.

Angélica M. Claudino
Psiquiatra. Doutora em Ciências pela Universidade Federal de São Paulo (Unifesp). Pós-doutorada pelo *Institute of Psychiatry, King's College London*, Reino Unido. Coordenadora do Programa de Atenção aos Transtornos Alimentares (Proata) – Departamento de Psiquiatria da Unifesp.

Celso Alves dos Santos Filho
Psiquiatra pela Associação Brasileira de Psiquiatria (ABP). Mestre pelo Departamento de Psiquiatria da Universidade Federal de São Paulo (Unifesp). Médico colaborador do Programa de Atenção aos Transtornos Alimentares (Proata) da Unifesp.

Eugenia Koutsantonis Portella Pires
Psicóloga e psicoterapeuta. Mestre em Psicologia Clínica pela Universidade de São Paulo (USP). Especialista em Terapia Familiar e de Casal Sistêmica pela Pontifícia Universidade Católica de São Paulo (PUC-SP). Membro da equipe do Programa de Orientação e Atendimento a Dependentes (Proad) – Departamento de Psiquiatria da Universidade Federal de São Paulo (Unifesp).

Juliana Bizetto
Psicóloga. Mestre em Psicologia pela Universidade de São Paulo (USP).

Mara Fernandes Maranhão
Psiquiatra. Mestranda pela Universidade Federal de São Paulo (Unifesp). Membro da Equipe do Programa de Atenção aos Transtornos Alimentares (Proata) da Unifesp.

Thais Pugliani Gracie Maluf
Psicóloga. Mestre em Ciências da Saúde pela Universidade Federal de São Paulo (Unifesp). Especialista em Terapia Familiar e de Casal Sistêmica pela Unifesp. Membro da equipe do Programa de Orientação e Atendimento a Dependentes (Proad) da Unifesp.

Walter Mattos
Psicólogo clínico e organizacional. Formado em Psicologia, pós-graduado em Marketing e MBA pela Business School São Paulo e Universidade de Toronto. Especialista em Farmacodependências pela Escola Paulista de Medicina da Universidade Federal de São Paulo (EPM-Unifesp). Membro da equipe fixa do Programa de Orientação e Atendimento a Dependentes (Proad) da Unifesp, onde coordena o trabalho de acolhimento em dependências comportamentais (jogo, sexo, compras e internet). Membro do Núcleo de Estudos de Psicologia Arquetípica da Sociedade Brasileira de Psicologia Analítica (SBPA). Docente da Sociedade Paulista de Estudos e Aprofundamentos em Psicanálise (SPP).

Prefácio

Os problemas gerados pelas Dependências Não Químicas se assemelham em muito aos decorrentes do uso do álcool e de outras drogas: provocam sofrimento no indivíduo e em seus familiares, acumulam frustrações e perdas, e não raras vezes necessitam de tratamento especializado.

Este livro foi elaborado nos moldes da *Série Dilemas Modernos, organizado por tópicos* – ou seja, pelo tipo de dependência – e escrito por profissionais gabaritados de cada problema em particular, em esquema de perguntas e respostas, com linguagem acessível a todos.

Que este trabalho sirva como uma primeira porta de saída do labirinto da dependência para pais e familiares, amigos e para as pessoas que sofrem com o problema.

Os Editores

Sumário

1. Apresentando o problema, oferecendo soluções 1
   Marcelo Niel
   Alessandra Maria Julião
   Dartiu Xavier da Silveira

2. Panorama das dependências não químicas...................3
   Aderbal Vieira Junior

3. Jogo patológico.. 15
   Juliana Bizeto

4. Dependência de compras 23
   Thais Pugliani Gracie Maluf

5. Dependência de sexo e parafilias sexuais 31
   Aderbal Vieira Junior

6. Dependência de internet... 41
   Aderbal Vieira Junior

7. Anorexia nervosa: adição à dieta? 51
   Mara Fernandes Maranhão
   Angélica M. Claudino

8. Transtornos bulímicos: o comer compulsivo
   como um vício 61
   Mara Fernandes Maranhão
   Angélica M. Claudino

9. Transtorno dismórfico corporal 71
Celso Alves dos Santos Filho

10. Como buscar ajuda? 81
Walter Mattos

11. A família inserida no tratamento 89
Eugenia Koutsantonis Portela Pires

Apresentando o problema, oferecendo soluções

Marcelo Niel
Alessandra Maria Julião
Dartiu Xavier da Silveira

A psiquiatria é considerada uma especialidade médica "jovem" quando comparada à clínica médica e à cirurgia. Do mesmo modo, a sua "fiel parceira", a psicologia, e outras áreas envolvidas no cuidado com a saúde mental também o são. Com o seu nascimento e acompanhando a sua marcha de crescimento e evolução, surgem conceitos, classificações, nomes de doenças. Sim, porque as doenças e os comportamentos patológicos sempre existiram, e as ciências só fizeram o favor de agrupá-las, classificá-las, sempre na tentativa de estabelecer uma melhor compreensão dos diferentes fenômenos.

Quando falamos de "dependências não químicas", como dependência de sexo, internet, compras e jogo, bem como de "outras compulsões", como anorexia, bulimia, compulsão alimentar e transtorno dismórfico corporal, com exceção da internet, por se tratar de um evento contemporâneo, não estamos falando de algo novo. Esses comportamentos sempre existiram e provavelmente continuarão existindo, mas careciam de entendimento no que concerne ao seu diagnóstico e tratamento.

Série Dilemas Modernos - Dependências não químicas e compulsões modernas

Ao falarmos sobre diagnóstico, não estamos nos referindo à "compulsão" por rótulos e estigmas da sociedade moderna; nosso intuito é, em primeira instância, auxiliar as pessoas que sofrem com a perda de controle sobre seus próprios comportamentos e que muitas vezes também fazem pessoas ao seu redor sofrerem.

E quando pensamos em tratamento, nosso principal objetivo é tão somente mostrar um caminho ou vários pelos quais essas pessoas possam trilhar com mais liberdade e qualidade de vida, seja por meio de técnicas psicoterápicas, uso de medicações e até mesmo uso de outras estratégias que devolvam ou instituam um viver mais equilibrado.

Sim, porque não estamos falando, como no caso das dependências de drogas, de alguma substância consumida que provocará um aprisionamento e cujo tratamento, muitas vezes, poderá consistir na privação, na abstinência do contato com tal substância. Estamos falando de comportamentos que assumem um "tônus" patológico sim, mas que estão, em sua maioria, presentes em nosso cotidiano e se configuram como verdadeiras necessidades fisiológicas ou cotidianas. Assim, fazer sexo, comprar, comer e praticar atividade física, e até mesmo usar internet nos dias de hoje, são comportamentos dos quais não podemos prescindir. Mais a fundo, talvez nem mesmo o jogo seja um comportamento que deva ser banido, porque simboliza o aspecto lúdico, necessário a um viver saudável.

Então, qual é o caminho para um indivíduo que se tornou dependente desses comportamentos? Se a abstinência não poderá ser mesmo o caminho, resta ensinarmos aos nossos pacientes os caminhos da transformação. E é esse o nosso principal objetivo: aliviar o sofrimento e promover uma possibilidade de mudança, de libertação. Como disse o psiquiatra Claude Olievenstein: "O contrário da dependência não é a abstinência, mas sim a liberdade".

A você, leitor, seja alguém que está passando por esse tipo de problema agora, seja um pai, um educador, um cônjuge, um amigo. Que este trabalho, elaborado por profissionais da mais alta competência e *expertise* no assunto, possa iluminar, informar e transformar.

Panorama das dependências não químicas

Aderbal Vieira Junior

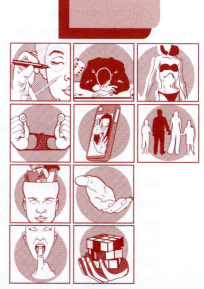

O que é uma dependência?

Dependência é um tipo de relação com alguma coisa, seja uma substância, comportamento, ou mesmo uma pessoa, que tem determinadas características. Uma delas é a sensação da pessoa de não conseguir ter controle ou escolha sobre seu comportamento, sentir que não pode controlar, diminuir ou adiar o uso de uma substância, ou outro determinado comportamento, porque isso lhe causaria sofrimento insuportável.

Outra característica, de certa forma decorrente da primeira, é a disfuncionalidade desse comportamento: na medida em que a pessoa sente que ele decorre de uma necessidade inegociável, e não de uma escolha, acaba agindo em momentos, de formas, com frequência ou intensidade maiores ou diferentes do que seria mais adequado para seu projeto de vida, e com isso acaba acumulando diversos graus de prejuízo em várias outras esferas de sua vida,

Série Dilemas Modernos - Dependências não químicas e compulsões modernas

como a relação com a família, o trabalho, a saúde, as finanças, entre outras.

O diagnóstico de uma situação de dependência, ao contrário de vários outros quadros que podem ser compreendidos mais estritamente como doenças psiquiátricas, é essencialmente quantitativo. A experiência da falta, da necessidade, do descontrole, do exagero, é universal e constante no ser humano. Estamos todos permanentemente negociando limites conosco mesmos, e em vários momentos "perdemos" essa negociação, fazendo coisas das quais depois nos arrependemos.

O dependente tem um padrão de maior gravidade e disfuncionalidade nessa relação com seu comportamento, um repertório mais empobrecido de soluções para obter prazer ou aliviar desconfortos, o que o leva, com maior frequência e intensidade, a recorrer a padrões de comportamento e uso de substâncias que acabam resultando em prejuízos maiores do que os da vida cotidiana dos não dependentes e em uma situação de empobrecimento cada vez maior.

É possível ficar dependente sem o uso de uma droga?

O que caracteriza a dependência não é a coisa da qual a pessoa se torna dependente, mas o tipo de *relação* que tem com ela. Mesmo com as drogas, é possível um tipo de uso recreativo ou mesmo benéfico (o que, claro, varia com o tipo de substância utilizada, mas nem sempre tem relação direta com quais substâncias as culturas e sociedades estabelecem como legais ou proibidas).

A dependência não é uma doença causada pelo efeito do uso de uma droga, ainda que diversas substâncias tenham impacto neurológico relevante. O estabelecimento de um padrão de dependência envolve características presentes não apenas na substância ou comportamento, mas também no indivíduo que o mantém, e na própria cultura e sociedade da qual esse indivíduo, comportamentos

Capítulo 2 | Panorama das dependências não químicas

e drogas fazem parte. Mesmo sem o uso de qualquer substância que promova alterações neurológicas que possam ser responsabilizadas pelo estabelecimento de um padrão de dependência, o indivíduo pode fazer coisas como jogar, comprar, ter atividade sexual, usar internet, exercitar-se, entre outras, de um modo que tem as mesmas características de sensação de diminuição ou falta de controle e de disfuncionalidade que caracterizam a situação de dependência.

Até mesmo com relações afetivas, que envolvem não um, mas uma vasta gama de comportamentos, é possível estabelecer uma relação de dependência, se o indivíduo sente que lhe é impossível ficar sem a outra pessoa, percebe qualquer ausência ou discordância como abandono, faz movimentos pouco razoáveis para manter o parceiro na relação e, com isso, acaba causando diversos prejuízos à sua vida, à do parceiro ou à de terceiros.

Por que esses quadros também são chamados de "compulsões" ou "transtornos dos impulsos"?

Por muito tempo, o estudo das dependências permaneceu muito ligado a um modelo médico, psicobiológico, que compreendia a dependência como resultado do efeito de determinadas substâncias sobre o aparelho neurológico dos indivíduos, portanto só fazia sentido falar em dependências na presença de uma substância psicoativa.

Por definição, o excesso ou descontrole de comportamentos que não envolviam alteração neurológica direta por uma substância externa não tinha como caber no conceito. Ao mesmo tempo, o estudo dos excessos ou descontroles de comportamentos sempre foi muito mais fragmentado, com diferentes profissionais estudando diferentes comportamentos de modo segmentado, sem a preocupação de associar cada um desses quadros a uma categoria mais abrangente, que lhes desse maior unidade. Assim, criaram-se ter-

Série Dilemas Modernos - Dependências não químicas e compulsões modernas

mos como "jogo patológico", "impulso sexual excessivo", "vigorexia" (o que se compreende como dependência de exercícios) e *workaholism*" (o que seria a dependência de trabalho), que, posteriormente, passaram a ser agrupados de modo mais ou menos frouxo numa categoria maior de "transtornos do controle dos impulsos".

Para vários desses quadros, essa sequer é uma leitura psicopatologicamente correta do fenômeno, e pode-se perceber que para a maioria deles, guardadas as devidas diferenças (como a presença de um agente psicoativo externo nas farmacodependências), as mesmas características de sensação de diminuição ou perda de liberdade de escolha e disfuncionalidade estão presentes, o que permite que se possa referir a todos como dependências.

Como manter a abstinência de comportamentos essenciais ou muito importantes, como a atividade sexual ou as compras?

Até mesmo no caso das substâncias químicas, ainda que propor a abstinência total como objetivo do tratamento possa ser uma escolha estrategicamente interessante, e às vezes até mesmo necessária, essa não é a única possibilidade. A proposta de abstinência simples pode chocar-se com a recusa de alguns pacientes, e no caso de comportamentos essenciais, como comer, ou muito relevantes, como comprar ou manter atividade sexual, é simplesmente impossível.

Entendendo a dependência de forma mais complexa do que uma doença causada por uma droga, além de se tornar possível o conceito de dependências não químicas, pode-se também pensar em outros objetivos de tratamento, como a redução de danos, o uso mais controlado e menos prejudicial e principalmente aquilo que é mais fundamental na abordagem de uma dependência: ajudar o indivíduo a compreender que significado aquele comportamento tem em sua história, em seu cotidiano, em sua relação com as outras pessoas, para que, com isso, ele possa se responsabilizar pelas suas

Capítulo 2 | Panorama das dependências não químicas

escolhas e condutas e fazer as alterações que julgar necessárias para adequá-las a seu projeto de vida.

Entre dois extremos, por exemplo, o uso de *crack*, que muito dificilmente tem como se manter meramente recreativo ao longo do tempo, e o "uso" de alimentos, que obviamente não tem como ser abandonado, no campo das dependências de comportamento o objetivo do tratamento deve ser o de promover o "uso controlado" e a mudança do padrão de relação com o comportamento, o que acarretará maior sensação de escolha e liberdade e a diminuição dos prejuízos inicialmente observados.

Há relação entre dependências de comportamentos e doenças psiquiátricas?

Algumas doenças psiquiátricas podem levar a alterações de conduta e mudanças no padrão de relação com drogas ou com comportamentos, fazendo com que eles adquiram características de dependência. Por outro lado, a persistência em determinados comportamentos pode, se não causar, ao menos desencadear transtornos psiquiátricos, que, de outra forma, se instalariam apenas mais tarde, teriam menos gravidade, ou até mesmo não se manifestariam.

Assim, por exemplo, um indivíduo com determinada predisposição orgânica pode ter um surto psicótico com o uso de substâncias, enquanto seu vizinho, mesmo tendo o mesmo padrão de uso dependente, não apresenta maiores consequências. Uma pessoa com dificuldade para sair de casa por causa de um quadro ansioso ou depressivo pode passar a usar a internet com maior frequência, com diferentes finalidades e de modo que empobreça ainda mais seu repertório de outras possibilidades de lidar com os problemas encontrados, o que caracteriza uma dependência.

Sempre que se observa uma doença psiquiátrica concomitante à dependência, esta deve ser tratada. Não apenas porque merece tratamento em si mesma, mas também como forma de permitir maior

Série Dilemas Modernos - Dependências não químicas e compulsões modernas

disponibilidade psíquica ao indivíduo para a abordagem de sua dependência e o aumento da chance de sucesso desse processo de tratamento.

Como tratar as dependências de comportamentos?

Até mesmo no caso das dependências químicas, ao se perceber que elas são de um tipo desfavorável de relação com uma substância, o objetivo do tratamento deve ser a modificação desse padrão de relação, mais do que a mera promoção mecânica de abstinência em si. No caso das dependências não químicas, em que a mera interrupção do comportamento usualmente não é razoável, e às vezes é impossível, a necessidade dessa modificação de padrão de relação se mostra ainda mais clara.

A espinha dorsal desse tratamento deve ser, assim, um processo de psicoterapia que ajude o indivíduo a compreender a história, o propósito e o sentido desse comportamento em sua vida, a responsabilizar-se por ele e, então, a estruturar e promover as devidas mudanças. À medida que compreende melhor sua relação com seu comportamento, a pessoa pode sentir-se mais como fonte dele, e não vítima de um padrão estranho que se instalou sobre ela, como que vindo de algum lugar externo, seja a máquina caça-níqueis, a sauna *gay* ou a tela do computador.

A abordagem psiquiátrica também pode ser útil, ou mesmo necessária, seja para tratar outros transtornos psiquiátricos que também estejam presentes, com isso aumentando as chances de sucesso do tratamento da dependência, seja, em alguns casos, como abordagem sintomática: modular quimicamente alguns impulsos por algum tempo, para dar ao paciente condição mais favorável para se dedicar à psicoterapia e compreender sua dependência.

Outras abordagens podem também se mostrar úteis como coadjuvantes do processo de psicoterapia principal: práticas psicoterápicas de cunho mais cognitivo e comportamental, mais voltadas à identificação e à substituição de padrões de pensamento e compor-

Capítulo 2 | Panorama das dependências não químicas

tamento inadequados por outros mais razoáveis; terapia familial, que ajude a implicar também os parentes dos dependentes na compreensão, responsabilização e modificação de determinadas condutas; e arteterapia e terapia ocupacional, promovendo outros canais de contato do indivíduo com sua subjetividade e reorganização de escolhas e padrões de comportamento.

Quando se pode considerar uma pessoa "curada" da dependência?

Quando se compreende a dependência como um padrão de relação, é estranho falar em "cura", já que não se trata exatamente de uma "doença". Esse padrão de relação sempre está disponível no repertório do ser humano, que já foi tão dependente de outros elementos ao longo de seu desenvolvimento, como da mãe em sua infância remota.

No caso dos dependentes, ainda mais, na medida em que ele tem memória de seu comportamento dependente e do relativo sucesso que teve em satisfazer alguma necessidade psíquica sua, ainda que de modo muito pobre e a preço muito alto. Em momentos de maior ansiedade ou solicitação psíquica, sempre haverá a tentação de o dependente retomar estratégias de defesa mais primitivas e disfuncionais, como todos nós fazemos, até mesmo os não dependentes.

Isso não significa, contudo, que não haja progresso possível. Pode-se dizer que o indivíduo caminha na direção de algo semelhante à "cura" à medida que compreende melhor comportamentos que antes lhe pareciam apenas estranhos, indesejados e inevitáveis, passando a se responsabilizar mais por eles, em vez de apenas se achar vítima deles, e com isso passa a fazer novas escolhas e movimentos que possam expandir e tornar mais adequado seu repertório de reações a dificuldades e busca de prazer, aproximando-se, assim, da maioria de nós outros, que conseguimos nos relacionar mais livre e adequadamente com os mesmos comportamentos dos quais os dependentes se queixam.

Série Dilemas Modernos - Dependências não químicas e compulsões modernas

Que influência os valores sociais e culturais têm sobre as dependências de comportamentos?

Nem tudo aquilo que se sente como necessário ou inevitável é considerado patológico. Não conseguimos prender a respiração ou evitar ir ao banheiro indefinidamente, e nem por isso nos consideramos dependentes de oxigênio ou de papel higiênico. Igualmente, o estabelecimento de parâmetros para o que é aceitável ou não, excessivo ou exagerado, está muito ligado a valores morais e culturais pessoais, hábitos e códigos presentes nas sociedades e culturas, que podem variar bastante entre elas ou ao longo do tempo em um mesmo contexto.

Isso pode levar a discordâncias entre, por exemplo, um jogador de *videogame*, que diz estar apenas se divertindo, e sua esposa, que acha o seu comportamento excessivo e se sente desatendida. Em culturas mais tradicionais e machistas, a exuberância sexual das mulheres tende a ser muito mais frequentemente vista como patológica do que o mesmo comportamento entre os homens, mesmo que mais intenso.

Em momentos históricos diferentes, comportamentos que eram muito mal aceitos socialmente passam a ser mais tolerados (como a homossexualidade) ou menos tolerados (como atualmente o tabagismo). Enquanto os casos de prejuízo e disfuncionalidade extremos são mais claros e incontestáveis, vários quadros de intensidade mais moderada permitem muito menos consenso. Por isso, a opinião que o próprio indivíduo tem de seu comportamento, levando em conta seus valores, projetos e necessidades pessoais, ganha especial importância, num diagnóstico que é essencialmente subjetivo e complexo.

Comportamentos social ou culturalmente estimulados, como o de comprar e consumir, podem contribuir para o descontrole em indivíduos especificamente suscetíveis. A reprovação cultural e social a alguns comportamentos, como algumas práticas sexuais, ao mesmo tempo que desestimula a maioria dos indivíduos a praticá-los, pode colaborar para que alguns os mantenham com maior sensação de culpa, inadequação e compulsividade do que talvez fosse realmente inevitável.

Capítulo 2 | Panorama das dependências não químicas

E a questão da "troca de dependências"?

Alguns modelos teóricos, de certa forma semelhantes ao aqui adotado, localizam a dependência mais na estrutura psicológica do indivíduo do que na droga usada ou no comportamento repetido. Para eles, a mera retirada da droga ou comportamento levaria a uma substituição por alguma outra droga ou comportamento, uma vez que a questão fundamental permaneceria inatacada.

Na prática, essa migração do objeto de dependência não é observada frequentemente. É bem mais comum o indivíduo recair no mesmo comportamento que já lhe era anteriormente um problema do que inaugurar uma dependência nova. Quando isso acontece, a pessoa usualmente já apresentava algum grau de abuso ou descontrole do comportamento que então passa a ser a queixa principal.

Na verdade, observa-se que uma quantidade considerável de dependentes, provavelmente os mais leves e moderados, quando privada de seu objeto de dependência, simplesmente segue a vida sem ele, sem tanta dificuldade. É o que aconteceu, por exemplo, com o fechamento dos bingos há alguns anos, que fez com que a procura por tratamento caísse visivelmente. No entanto, de fato a questão de base permanece alterada. Quando os bingos foram reabertos, a procura por tratamento, por sua vez, aumentou muito, porque aqueles pacientes voltaram a jogar de forma muito disfuncional, sentiram os prejuízos decorrentes e retomaram a busca por ajuda.

As dependências de comportamentos são menos graves do que as de substâncias químicas?

Por um lado, o comprometimento neurológico causado pelas dependências de comportamentos não se compara ao causado por algumas substâncias psicoativas, simplesmente pelo fato de que o cérebro não está sendo submetido à ação de nenhum elemento

Série Dilemas Modernos - Dependências não químicas e compulsões modernas

externo, alguns deles claramente agressivos ao tecido neurológico, como a cocaína e o *crack*.

Por outro lado, nem todo prejuízo se limita à agressão biológica direta ou é decorrente dela. Um jogador patológico grave pode, em período muito curto, dilapidar todas as reservas econômicas de sua família, ou fazer dívidas inadministráveis. Um dependente de sexo pode se expor a riscos graves à sua saúde ou a situações de violência e agressão física severas, às vezes repetidamente.

Assim, se a definição de gravidade levar em conta o grau de prejuízo causado pelo comportamento, é possível pensar que um dependente severo de jogo pode ser mais "grave" do que um dependente moderado de maconha, mas todas essas noções são muito subjetivas.

Outro critério para definir gravidade pode ser a falta que o dependente sente de seu objeto de dependência. Algumas substâncias, como a heroína ou o *crack*, induzem sintomas de abstinência muito intensos nas pessoas cujas fisiologias já se acostumaram com elas.

Ainda que alguns indivíduos possam manifestar grande sensação de falta e ansiedade quando privados de seu comportamento da dependência, na modalidade não química ela é completamente psicológica, exatamente porque não houve acostumamento orgânico com uma substância exógena e depois o rompimento desse novo equilíbrio, decorrente de sua retirada. Assim, ainda que desconforto e ansiedade sejam também muito subjetivos, o dependente de comportamentos não tem como apresentá-los em nível superior àquele de um corpo e um cérebro funcionando em um estado fisiologicamente normal.

As dependências de comportamentos também são "orgânicas"?

Toda dependência, de certa forma, é orgânica, na medida em que a identidade, a estrutura psicológica do indivíduo, também reside em seu cérebro e em seu corpo. As estruturas corticais envolvidas

Capítulo 2 | Panorama das dependências não químicas

nos processos de prazer, gratificação, sensação de falta, vontade e ansiedade são as mesmas.

A diferença entre a dependência "física" e a "psicológica", como há muitos anos eram mais comumente definidas, é que na primeira há um processo de habituação somática e neurológica a uma substância externa, com a qual nossa biologia estabelece um novo equilíbrio. A retirada da droga gerará, então, um desarranjo, expresso na forma de uma série de sintomas físicos e psíquicos, todos orgânicos.

Já com as dependências não químicas, as mesmas regiões de gratificação e alívio são ativadas quando a pessoa tem este ou aquele comportamento, e as regiões correspondentes de falta e ansiedade são ativadas quando ela é impedida de fazer isto ou aquilo, mas não há um processo de estabelecimento e posterior rompimento de equilíbrio com uma variável que anteriormente não fazia parte do aparelho neurológico normal.

Jogo patológico

Juliana Bizeto

O que é considerado jogo? Ele pode tornar-se patológico?

Apostar em jogos de azar é um comportamento de origem remota no mundo e de frequência elevada no Brasil atual. O sonho é ficar rico da noite para o dia, tal como no samba de Wilson Batista e Geraldo Pereira: "Etelvina / acertei no milhar / ganhei quinhentos contos / não vou mais trabalhar". Do jogo do bicho ao cassino, passando por corrida de cavalos, videopôquer e bingo, o jogo é praticado como forma de lazer. Por vezes, o lazer toma conta da população inteira, quando um prêmio arquimilionário se acumula em uma das muitas loterias instaladas no país.

Os primeiros relatos de apostas são datados do ano de 2.300 a.C. na China. Também na Grécia Antiga o jogo era uma atividade muito popular, porém ilegal. Na mitologia, o jogo também é citado: um exemplo é quando Mercúrio aparece rodeado por um halo luminoso que ganhou da Lua em uma partida de "tablas", ancestral do gamão.

Série Dilemas Modernos - Dependências não químicas e compulsões modernas

Em 1850 a.C., regras restringindo o jogo foram inseridas no código de Hamurabi, que convertia os sorteios em reserva fiscal do governo, fato que se prolonga até os dias de hoje no Brasil, em relação às loterias. Na Bíblia também aparecem registros sobre o jogo no "Livro dos Números", do Antigo Testamento.

No Brasil, o primeiro tipo de jogo que se destacou foi o "jogo do bicho", que teve seu primeiro sorteio no ano de 1892 com o objetivo de arrecadar fundos para o Zoológico do Rio de Janeiro.

> Foram inaugurados anteontem diversos divertimentos no Jardim Zoológico, entre os quais o do sorteio dos animais, que tem por fim animar a concorrência àquele estabelecimento. Esse sorteio consiste no seguinte: d'entre 25 animais escolhidos pela Empresa é tirado um diariamente e metido em uma caixa quando começa a venda de entradas. Às cinco horas da tarde, a um sinal dado, abre-se a caixa e a pessoa que tem a entrada com o nome e o desenho do animal, ganha-o como prêmio. No próximo domingo o público lá encontrará diversos divertimentos e jogos infantis. Está em construção uma grande sala destinada a bailes populares. (Jornal do Commercio, 5 de julho de 1892)

Porém, antes desse período, o jogo já era uma atividade comum no Brasil, tendo a primeira lei de regulamentação surgido em 1808, envolvendo o jogo de cartas. No ano de 1816, seis loterias foram concedidas à Santa Casa de Misericórdia de Vila Rica, e em 1932 as loterias sofreram uma regulamentação que se mantém até os dias de hoje. Em 1946, os jogos de azar foram proibidos em todo o território nacional. Dessa maneira, os únicos jogos permitidos nessa época eram as loterias governamentais e as corridas de cavalo, tidas como atividade beneficente. Esse panorama se manteve até o ano de 1993, quando os bingos foram legalizados e o jogo obteve grande destaque no cenário nacional.

Essa atividade lúdica e banal de apostar em jogos de azar, porém, pode transformar-se em um comportamento que foge ao controle

Capítulo 3 | Jogo patológico

do indivíduo, caracterizando-se como dependência em muitos aspectos similar à dependência de drogas. Isso ocorre em decorrência da perda de controle do comportamento de jogar, do aumento da frequência e do tamanho das apostas e do aparecimento de sintomas similares aos da dependência de drogas como a abstinência e a tolerância, justificados por um possível substrato fisiológico comum dessas dependências.

Como identificar uma pessoa jogadora patológica?

O jogar excessivo foi formalmente reconhecido como um comportamento patológico segundo critérios psiquiátricos. Com efeito, desde 1980, a Sociedade Americana de Psiquiatria (APA) classificou o jogo patológico como um dos "transtornos do controle do impulso não classificado em outro local", ao lado da cleptomania, da piromania e da tricotilomania, entre outros. Em 1994, em seu *Manual Diagnóstico e Estatístico de Doenças Mentais IV* (DSM-IV), o jogo patológico foi caracterizado principalmente pela persistência e recorrência do comportamento de jogar, indicado pela presença de pelo menos cinco dos seguintes itens: "(1) preocupação com o jogo; (2) necessidade de apostar quantias de dinheiro cada vez maiores, a fim de obter a excitação desejada; (3) esforços repetidos e fracassados no sentido de controlar, reduzir ou cessar com o jogo; (4) inquietude ou irritabilidade, quando tenta reduzir ou cessar com o jogo; (5) joga como forma de fugir de problemas ou de aliviar um humor disfórico; (6) após perder dinheiro no jogo, frequentemente volta outro dia para ficar quite (recuperar o prejuízo); (7) mente para familiares, para o terapeuta ou outras pessoas, para encobrir a extensão de seu envolvimento com o jogo; (8) cometeu atos ilegais, tais como falsificação, fraude, furto ou estelionato, para financiar o jogo; (9) colocou em perigo ou perdeu um relacionamento significativo, o emprego ou uma oportunidade educacional ou profissional

Série Dilemas Modernos - Dependências não químicas e compulsões modernas

por causa do jogo; (10) recorre a outras pessoas com o fim de obter dinheiro para aliviar uma situação financeira desesperadora causada pelo jogo" (APA, 1994).

O jogo começa com pequenas apostas, normalmente na adolescência, apesar de poder começar em qualquer idade, sendo mais frequente entre homens. O intervalo de tempo entre começar a jogar e perder o controle sobre o jogo varia de 1 a 20 anos, sendo o mais comum um período de cinco anos. É frequente que as primeiras apostas tenham resultado em grande ganho.

Três fases do comportamento de jogar são identificadas por pesquisadores da área:

1. Fase da vitória – A sorte inicial é rapidamente substituída pela habilidade no jogo. As vitórias tornam-se cada vez mais excitantes, e o indivíduo passa a jogar mais, com maior frequência, acreditando que é um apostador excepcional. Um indivíduo que jogue apenas socialmente geralmente para de jogar aí, antes de um grande ganho, que geralmente equivale ao salário anual do jogador. Quando há o grande ganho, o jogador patológico tende a continuar jogando ininterruptamente.

2. Fase da perda – Nessa fase é típica uma atitude de otimismo não realista, que passa a ser característica do jogador patológico. O jogo não sai de sua cabeça e começa a deixar de ser social, uma vez que o indivíduo passa a jogar sozinho. Depois do grande ganho, a quantidade de dinheiro apostada aumenta consideravelmente na esperança de ganhos ainda maiores. A perda passa a ser difícil de ser tolerada. Como o jogador aposta cada vez mais alto, o dinheiro que ganhou no jogo é utilizado; em seguida, passa a usar salário, economias e seu dinheiro investido. Perder é intolerável, inaceitável: continua apostando na grande sorte.

3. Fase do desespero – Esse período é caracterizado pelo aumento de tempo e dinheiro gasto com o jogo e pelo afastamento da família, que percebe que o jogador não só

Capítulo 3 | Jogo patológico

não paga suas dívidas, como também continua a jogar. Um estado de pânico aparece, uma vez que o jogador começa a se dar conta do tamanho de sua dívida, do seu desejo de pagá-la prontamente, do isolamento de familiares e amigos, da reputação negativa que passou a ter na sua comunidade e, finalmente, de um desejo nostálgico de recuperar os primeiros dias de vitória. A percepção desses fatores pressiona o jogador e o comportamento de jogar aumenta ainda mais, na esperança de um ganho que possa resolver todos esses problemas. Alguns passam, então, a utilizar recursos ilegais para obter dinheiro, sendo frequentemente processados judicialmente. Nessa fase, é comum a exaustão física e psicológica, sendo frequentes a depressão e pensamentos suicidas. Quando a situação chega ao extremo, há suicídio, prisão, fuga ou procura de tratamento.

O jogo pode ser considerado uma atividade de risco? Qual a prevalência desse transtorno?

O jogo patológico é um problema importante, principalmente pelos prejuízos que provoca e pela extensão de sua prevalência. Os danos financeiros, legais, médicos e psicológicos que pode provocar são bem documentados na literatura. Por exemplo, considerável proporção de jogadores patológicos comete atos ilegais para sustentar o jogo, tende a apresentar problemas cardíacos e gastrointestinais, perturbações de sono e dores de cabeça e sofre de condições psiquiátricas associadas, tais como abuso de drogas e transtornos obsessivo-compulsivo, de ansiedade e depressão, incluindo alto risco de suicídio.

Já a prevalência do jogo patológico em populações em que foi feito algum tipo de levantamento é relevante do ponto de vista de saúde pública. Nos EUA, acredita-se que de 1,4% a 3% da população sejam de jogadores patológicos. Em Quebec, Canadá, 1,2%

Série Dilemas Modernos - Dependências não químicas e compulsões modernas

da população é formado por jogadores patológicos e 2,6%, por jogadores-problema. Em Sevilha, Espanha, 1,7% da população é formado por jogadores patológicos e 5,2%, por jogadores-problema. Na Nova Zelândia: 2,7% são jogadores patológicos e 4,2%, jogadores-problema.

Entre os mais vulneráveis, estão os dependentes de drogas e a população encarcerada, que apresentaram índices ainda mais altos de problemas associados ao jogo, e as mulheres, que podem desenvolver problemas relacionados ao jogo de maneira mais rápida que os homens.

Qual é a situação do jogo no Brasil? Como é feito o tratamento do jogador?

Existem poucos trabalhos científicos nacionais sobre essa questão, assim como há poucos centros de tratamento para essas pessoas, e praticamente não há divulgação, pela mídia ou pelo governo, das possíveis consequências adversas do jogo. Isso faz com que os jogadores patológicos constituam, também no Brasil, uma parcela da população desconhecida pelos profissionais de saúde e negligenciada pelas políticas públicas vigentes.

Há indícios que reforçam a hipótese de que o número de jogadores patológicos esteja aumentando: há aumento de procura por tratamento para jogadores patológicos, como se observa pela recente abertura de sete centros de Jogadores Anônimos (JA) em São Paulo e pelo número de pacientes que procuraram o Programa de Orientação e Atendimento ao Dependente (Proad) da Universidade Federal de em São Paulo (Unifesp). Por outro lado, observa-se aumento significativo do número de loterias, de títulos de capitalização, jogos eletrônicos, de jogos anunciados na televisão e acessíveis por telefone e internet.

No Brasil, segundo a Caixa Econômica Federal, a população está apostando mais nos jogos de loteria e, em 1998, a arrecadação cresceu 19,7% com jogos; em janeiro de 2002, a Caixa Econômica

Capítulo 3 | Jogo patológico

Federal registrou uma arrecadação total das loterias de R$ 244,9 milhões, um aumento de 25% em relação a janeiro do ano anterior. A Caixa Econômica Federal afirmou ter arrecadado R$ 8,8 bilhões com suas loterias em 2010. O valor representa crescimento de 19,8% nas vendas de apostas e um novo recorde de arrecadação. Em suma, difunde-se a ideia de que é possível ganhar um grande prêmio a qualquer momento (Oliveira e Silva, 2000).

O Proad, do Departamento de Psiquiatria e Psicologia Médica da Unifesp, criou, em 1994, o primeiro programa específico para atendimento de jogadores patológicos e deu início à pesquisa científica sobre o problema. O programa de tratamento do jogo patológico funciona com atendimentos ambulatoriais com uma equipe multidisciplinar e muito raramente há indicação de internação.

Que outras estratégias de tratamento também são usadas no jogo patológico?

Os primeiros trabalhos publicados a respeito do tratamento para jogadores patológicos eram de abordagem psicanalítica; posteriormente, surgiram trabalhos de abordagens comportamentais e cognitivas, e grupos de autoajuda e internação. Grupos de autoajuda do tipo Jogadores Anônimos, importante fonte de tratamento de jogadores em diversos países, começam a se difundir no Brasil.

Psicoterapia de casais também tem sido uma estratégia útil no tratamento de jogadores patológicos, já que relações conjugais caóticas e turbulentas dos jogadores dificultavam o tratamento. Vários trabalhos apontam para a importância da família e do trabalho com casais na recuperação de jogadores patológicos.

Quanto à terapia farmacológica, frequentemente são usados antidepressivos inibidores da recaptação de serotonina, estabilizadores de humor e antagonistas opioides.

Série Dilemas Modernos - Dependências não químicas e compulsões modernas

Sugestões de leitura

1. American Psychiatric Association (APA). Diagnostic and statistical manual of mental disorders. 4th ed. Washington: APA; 1994.
2. Oliveira MP, Bizeto J, Fernandes M. O jogo patológico. In: Silveira DX, Moreira F, editores. Panorama atual de drogas e dependências. São Paulo: Atheneu; 2006. p. 409-13.
3. Oliveira MP, Silva MT. Pathological and nonpathological gamblers: a survey in gambling settings. Subst Use Misuse. 2000;35(11):1573-83.
4. Oliveira MPMT, Silva MTA, Silveira DX. Validity study of the South Oaks Gambling Screen (SOGS) among distinct groups of Brazilian gamblers. Rev Bras Psiquiatr. 2002;24(4):170-6.

Dependência de compras

Thais Pugliani Gracie Maluf

Do que estamos falando?

Oniomania, comprar compulsivo, transtorno do comprar compulsivo e dependência de compras são as várias denominações que vêm sendo dadas ao comportamento de comprar descontrolado.

Esse comportamento foi estudado e descrito pela primeira vez por Kraepelin e Bleuler, no início do século XX. Segundo Bleuler, "o elemento particular (na oniomania) é a impulsividade; eles não podem evitá-la, o que algumas vezes se expressa inclusive no fato de que, a despeito de ter uma boa formação acadêmica, os pacientes são absolutamente incapazes de pensar diferentemente e de conceberem as consequências sem sentido de seu ato e as possibilidades de não realizá-lo. Não chegam nem a sentir o impulso, mas agem de acordo com a sua natureza, como a lagarta que devora a folha". Kraepelin descreveu a compra excessiva (oniomania) como um "impulso patológico". Bleuler classificou a

Série Dilemas Modernos - Dependências não químicas e compulsões modernas

oniomania ao lado dos "impulsos reativos", que incluíam a piromania e a cleptomania.

O comportamento de comprar descontrolado atraiu pouca atenção nas décadas seguintes, exceto entre os estudiosos do comportamento de consumo e psicanalistas. O interesse reviveu nos primeiros anos da década de 1990, quando foram publicadas três séries de casos clínicos independentes que envolveram 90 indivíduos. Esse comportamento tem sido descrito mundialmente com relatos provenientes dos EUA, Canadá, Inglaterra, Alemanha, França e Brasil. Apesar de o custo do transtorno nunca ter sido calculado, estima-se que o impulso de comprar gere mais de U$ 4 bilhões em compras anuais na América do Norte.

A classificação do comportamento de comprar descontrolado continua sendo incerta, e o transtorno não está incluído nos manuais de classificação contemporâneos, tais como o *Manual de Diagnóstico e Estatística de Transtornos Mentais* (DSM-IV) ou a *Classificação Internacional de Doenças*, décima edição (CID-X), da Organização Mundial da Saúde.

Alguns pesquisadores consideram o comportamento de comprar descontrolado como um transtorno de dependência e o agrupam com os transtornos de uso de álcool e drogas. Outros consideram-no como parte do espectro dos transtornos obsessivo-compulsivos, ou do humor. Essa categoria combina dependências comportamentais e coloca o jogo patológico, a cleptomania, a piromania, a dependência de internet e o comportamento sexual compulsivo ao lado do comportamento de comprar descontrolado. Alguns escritores criticaram as tentativas de categorizar o comportamento de comprar descontrolado como um transtorno, o que eles consideram como parte de uma tendência a "medicalizar" os problemas comportamentais. Infelizmente, essa abordagem ignora a realidade do comportamento de comprar descontrolado e estigmatiza as tentativas de compreender ou tratar a condição.

Capítulo 4 | Dependência de compras

Como identificar uma pessoa com dependência de compras?

Na literatura sobre o comportamento do consumidor, descreve-se o comportamento de comprar descontrolado como um comportamento crônico e repetitivo, que é difícil de ser interrompido e que tem consequências prejudiciais; além disso, ele ocorre em resposta a eventos ou sentimentos negativos. Foram desenvolvidos critérios diagnósticos operacionais para o comportamento de comprar descontrolado que enfatizam a incapacidade de resistir à urgência de comprar, a preocupação mal adaptativa com as compras e o prejuízo que o acompanha. A mania e a hipomania são condições de exclusão ao diagnóstico, ou seja, na presença desses quadros não é possível fazer o diagnóstico de dependência de compras. Esses critérios têm sido amplamente aceitos na comunidade de pesquisa, ainda que sua confiabilidade e validade não tenham sido determinadas.

É importante distinguir as compras normais das descontroladas. Significativamente, a distinção não é feita com base na quantidade de dinheiro gasto ou no nível de renda, mas na extensão da preocupação, no nível de angústia pessoal e no desenvolvimento de consequências adversas. Muitas pessoas normais têm orgias de compras ocasionais, particularmente em situações especiais (por exemplo, aniversários, férias), mas o gasto excessivo episódico por si só não constitui evidência para confirmar um diagnóstico de comportamento de comprar descontrolado.

As pessoas com comportamento de comprar descontrolado frequentemente descrevem um crescente nível de ansiedade que somente podem aliviar quando é feita uma compra. A experiência real de comprar é descrita como intensa por muitos indivíduos com comportamento de comprar descontrolado; alguns chegam até a descrever que experimentam um sentimento sexual. O ato é completado com a aquisição, geralmente seguida de um sentimento

Série Dilemas Modernos - Dependências não químicas e compulsões modernas

de decepção ou desapontamento com elas mesmas. Os itens podem ser guardados em um armário ou sótão e não ser utilizados ou, às vezes, ser devolvidos à loja. O comportamento de comprar compulsivo ocorre durante o ano todo, ainda que alguns pacientes relatem que seu gasto excessivo ocorre em "acessos". A experiência de comprar é quase sempre solitária e, embora as compras sejam geralmente para eles mesmos, os compradores compulsivos podem gastar excessivamente em compras para seus parceiros ou cônjuges, filhos ou amigos. O comportamento de comprar descontrolado pode ocorrer em qualquer tipo de estabelecimento comercial, desde lojas de departamentos luxuosas a brechós ou pequenas lojinhas. Compras pela internet e por catálogos são também populares entre os compradores compulsivos.

É verdade que a porcentagem de mulheres com dependências de compras é maior que a de homens?

A pesquisa clínica demonstra que entre 80% e 94% dos compradores compulsivos são mulheres. Tanto Kraepelin como Bleuler observaram que o comprar compulsivo afetava principalmente as mulheres. Kraepelin concluiu que algumas mulheres tinham se tornado compradoras incontroláveis por causa de sua atração por situações arriscadas e excitantes, comparando esse impulso ao comportamento observado em jogadores patológicos, que eram, em sua maioria, homens. No entanto, existem relatos recentes de que a frequência de comportamento de comprar descontrolado é quase igual em homens e mulheres (5,5% e 6,0%, respectivamente). Esse achado sugere que a diferença relatada entre gêneros pode ser produto de um artefato e talvez esteja relacionada ao fato de que as mulheres parecem reconhecer mais prontamente que gostam de fazer compras do que os homens. No entanto, outros estudos descreveram que a diferença de gênero é genuína e não se deve ao fato de os homens estarem sub-representados nas amostras clínicas. Esse

Capítulo 4 | Dependência de compras

dado foi baseado nos resultados de uma pesquisa com a população geral no Reino Unido, em que 92% dos respondentes considerados compradores compulsivos eram mulheres.

Relata-se que o comportamento de comprar descontrolado tem início no final da adolescência ou nos primeiros anos da segunda década de vida, o que pode se relacionar com a emancipação do núcleo familiar, bem como com a idade em que as pessoas conseguem crédito pela primeira vez. É interessante que as compras descontroladas em adolescentes estão provavelmente associadas a um padrão mais generalizado de desinibição comportamental que inclui uso de cigarros, álcool e drogas, e sexo precoce. Pelo fato de ser possível, hoje em dia, comprar *on-line* durante as 24 horas do dia e que até adolescentes possuem cartões de crédito, é provável que alguns compradores compulsivos iniciem sua vida adulta com uma dívida substancial. Ressalte-se que Black *et al.* relataram que o comportamento de comprar descontrolado era relativamente frequente (19%) em uma amostra de pessoas com uso compulsivo do computador.

Alguns pesquisadores do comportamento do consumidor consideram o comportamento de comprar descontrolado como parte de um espectro do comportamento aberrante do consumidor, que incluiria também o jogo patológico, o furto em lojas e o abuso de crédito. Dessa forma, já em 1924 Stekel propôs que o gasto compulsivo era uma forma frustra de cleptomania. Dispêndios e o uso de cartões de crédito de forma extravagante tornaram-se ícones culturais de poder e de prestígio. Esse vínculo parece ser particularmente forte em compradores compulsivos, e as mulheres podem ser particularmente vulneráveis, pois em uma sociedade dominada pelos homens a função do crédito como uma fonte de autonomia é ressaltada para elas

Quais os danos causados pela dependência de compras?

As dependências comportamentais variam muito em sua severidade e, consequentemente, em seus danos. Em um grau mais

Série Dilemas Modernos - Dependências não químicas e compulsões modernas

sério, desordens comportamentais podem debilitar seriamente um indivíduo.

A dependência de compras pode resultar em bancarrota, divórcio, perda de emprego e até tentativas de suicídio.

Existem comorbidades associadas à dependência de compras?

O comportamento de comprar descontrolado é frequentemente comórbido, com transtornos de humor e de ansiedade, transtornos de uso de substâncias e transtornos alimentares. Em uma relevante comparação, pesquisadores compararam compradores compulsivos deprimidos com indivíduos controle deprimidos. Os compradores compulsivos tiveram significativamente mais depressão recorrente, transtorno bipolar, cleptomania, bulimia, tentativas de suicídio e abuso de calmantes benzodiazepínicos. Os indivíduos com comportamento de comprar descontrolado mais grave foram mais propensos a ter comorbidades dos eixos I ou II do que os que possuem formas menos graves do transtorno.

Ainda que tenha sido proposta uma relação com o transtorno obsessivo-compulsivo (TOC), somente um dos quatro estudos relevantes relatou alta prevalência de TOC (35%) entre compradores compulsivos; a prevalência variou de 2% a 6% em outros estudos. No sentido oposto, alguns estudos encontraram que o comportamento de comprar descontrolado era frequentemente comórbido com TOC. De fato, a presença de comportamento de comprar descontrolado pode caracterizar um subgrupo específico (10%) de pacientes com TOC impulsivos. Estudos sugerem que o comprar descontrolado está relacionado ao comportamento de colecionar observado entre os pacientes com TOC, sendo, portanto, um sintoma compulsivo. Esses pesquisadores sugerem que, da mesma forma que apostar para jogadores patológicos, pessoas com comportamento de comprar descontrolado sentem que perderão uma oferta se resistirem a uma compra. Esse medo tem sido comparado

Capítulo 4 | Dependência de compras

ao medo de perder algo potencialmente de valor relatado pelos colecionadores compulsivos.

Quais são os tratamentos propostos para a dependência de compras?

Não há tratamento-padrão para o comportamento de comprar descontrolado. Há vários estudos de caso focando essa população, e cada um deles enfatiza a importância das experiências iniciais da vida.

Mais recentemente, foram desenvolvidos modelos cognitivo-comportamentais para a abordagem do comportamento de comprar descontrolado. Modelos cognitivo-comportamentais em grupo também foram desenvolvidos. Esses modelos produziram melhora significativa em comparação a uma lista de espera em um estudo piloto de 12 semanas; a melhora se manteve durante o acompanhamento de seis meses.

Existem várias pesquisas no tratamento com antidepressivos de compradores descontrolados, com resultados, na maioria, positivos.

Outras abordagens também têm sido descritas. Livros de autoajuda estão disponíveis e podem ser úteis. Os Devedores Anônimos, criado sob o padrão dos Alcoólicos Anônimos, também podem ser úteis. É um grupo voluntário, dirigido por leigos, que proporciona uma atmosfera de apoio e encorajamento mútuos para aqueles que têm dívidas substanciais. Estão disponíveis em algumas cidades dos EUA os círculos da simplicidade; esses grupos voluntários encorajam grupos de pessoas a adotarem um estilo de vida simples e a abandonar seu comportamento de comprar descontrolado. O aconselhamento matrimonial (ou de casais) pode ser útil, especialmente quando o comportamento de comprar descontrolado de um membro destruiu o relacionamento. Muitas pessoas com comportamento de comprar descontrolado desenvolvem dificuldades financeiras e podem se beneficiar do aconselhamento financeiro.

Série Dilemas Modernos - Dependências não químicas e compulsões modernas

O Programa de Orientação e Atendimento a Dependentes (Proad), do Departamento de Psiquiatria e Psicologia Médica da Universidade Federal de São Paulo (Unifesp), criou em 2004 um programa específico para atendimento de compradores patológicos. Esse programa é predominantemente ambulatorial, similar ao de dependentes de drogas e de jogadores patológicos dessa instituição.

Sugestões de leitura

1. Tavares H, LoboII DSS, Fuentes D, Black DW. Compras compulsivas: uma revisão e um relato de caso. Rev Bras Psiquiatr. 2008;30(Supl 1).
2. Silveira DX, Moreira FG. Panorama atual de drogas e dependências. São Paulo: Atheneu; 2006.

Dependência de sexo e parafilias sexuais

Aderbal Vieira Junior

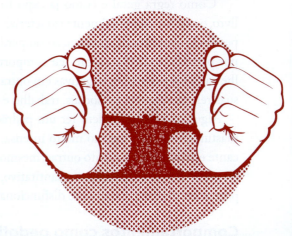

A partir de que ponto uma pessoa que tem muitas relações sexuais pode ser considerada dependente de sexo?

Como boa parte dos comportamentos humanos, a atividade sexual observa enorme variação de quantidade, frequência, modalidades e finalidades entre diferentes culturas, momentos históricos e mesmo ao longo da vida de um mesmo indivíduo. Assim, um critério de excesso unicamente quantitativo, além de muito difícil de apontar indiscriminadamente para todos os indivíduos, provavelmente expressaria mais preconceitos e restrições sociais pontuais do que realmente traduziria a existência de um padrão de abuso ou dependência.

Portanto, é importante avaliar também o contexto, a biografia e o momento existencial da pessoa em questão para tentar emitir esse diagnóstico. A própria opinião do indivíduo é essencial, uma vez

Série Dilemas Modernos - Dependências não químicas e compulsões modernas

que, por exemplo, uma esposa traída pode tender a enxergar dependência de sexo onde há apenas uma escolha deliberada do parceiro, ou atribuir a alguma fraqueza de caráter um comportamento que apresenta características de dependência claras.

Como regra geral e como já exposto em outras seções deste livro, o que fundamentalmente caracteriza uma dependência é a experiência subjetiva de diminuição ou perda de escolha ou controle por parte do indivíduo sobre seu comportamento, e o fato de este lhe causar repercussões negativas em outras áreas de sua vida, como suas relações familiais e sociais, trabalho e saúde.

Algumas pessoas podem ter um padrão de atividade sexual ou masturbatória que, mesmo muito intensa, seja plenamente gratificante e adequada, enquanto outras, mesmo que não exagerem tanto do ponto de vista meramente quantitativo, têm um padrão de comportamento sexual claramente disfuncional e prejudicial.

Comportamentos como pedofilia e exibicionismo também são formas de dependência de sexo?

Esses comportamentos são classificados como parafilias, ou transtornos de preferência do objeto sexual. Essa categoria agrupa comportamentos sexuais pouco frequentes e vistos com diferentes graus de estranheza e reprovação pela sociedade.

Há uma vasta teoria psicanalítica que os compreende como decorrentes de um desenvolvimento incompleto ou deficiente da sexualidade, que, se bem-sucedido, nos levaria à eleição de objetos sexuais humanos, vivos, adultos, do sexo oposto e que consentissem a relação sexual, com contato predominantemente genital. A homossexualidade já foi tida como parafilia, mas, com a liberalização de nossos padrões morais, hoje não é vista pelos teóricos dessa forma. Outros comportamentos, como o sadomasoquismo, vão passando lentamente a ser menos preconceituados pela sociedade,

Capítulo 5 | Dependência de sexo e parafilias sexuais

pelo menos em regiões mais urbanas e estratos socioeconômicos mais instruídos.

Um parafílico pode ter uma relação com seus objetos ou modalidades sexuais que não tenha as características de impulsividade ou compulsividade dos dependentes de sexo; por sua vez, a grande maioria dos dependentes de sexo se restringe às práticas mais convencionais, não parafílicas. Ainda assim, há algum grau de associação entre as duas coisas, com maior presença de parafílicos entre os dependentes de sexo do entre a população geral. Há também, entre os dependentes de sexo, maior recurso eventual a práticas e parceiros não usuais, quando não conseguem aqueles inicialmente pretendidos.

Em um nível mais sutil, a própria natureza da parafilia, de ser um comportamento fundamental ou muito importante para o indivíduo, e, nesse sentido, pouco negociável, e de ser pouco aceito social e culturalmente, e, portanto, acarretar algum grau de disfuncionalidade inevitável à sua execução, a aproxima de certo modo da essência do conceito de dependência.

Há comportamentos sexuais específicos ou mais frequentes entre os dependentes?

Os dependentes de sexo podem se relacionar de forma dependente com as mesmas atividades presentes no repertório usual daqueles não dependentes: sexo conjugal ou extraconjugal, promíscuo, casual, interpessoal ou grupal, masturbação incentivada por pornografia, outras fontes de estímulo visual ou a fantasia, jogo compulsivo de conquista e sedução, ou até mesmo devaneio sexual excessivo, que comprometa outros campos de funcionamento do indivíduo. No dependente, esses mesmos comportamentos usuais apresentarão tendência a um exagero quantitativo e uma clara disfuncionalidade qualitativa, e a sensação de falta de escolha e controle.

Ainda que isso nem sempre se observe, são mais comuns entre esses indivíduos comportamentos sexuais mais desviantes daquilo que identificam como sua identidade sexual usual, em momentos

Série Dilemas Modernos - Dependências não químicas e compulsões modernas

em que se deixam levar pela impulsividade, compulsividade ou dificuldade de acesso ao objeto ou prática sexual tradicionais. Assim, por exemplo, um dependente de sexo, mesmo não se definindo como homossexual ou bissexual, pode manter relações com travestis ou outros homens, ou recorrer a comportamentos como exibição pública de genitais ou algum tipo de assédio físico público, mesmo que convencionalmente não recorra a essas práticas.

A dependência afetiva é uma variação da dependência de sexo?

Uma divisão didática possível é categorizar as dependências como químicas, não químicas e relacionais, à medida que o objeto de dependência é uma droga, um comportamento ou uma outra pessoa. Nas dependências afetivas, que se tratam de uma forma disfuncional de relacionamento, geralmente a interação sexual também está envolvida, e pode ser vivida de forma angustiante, prejudicial e descontrolada.

Também é possível que duas formas distintas de dependência, afetiva e sexual, sejam vividas pela mesma pessoa. Nos casos de dependência afetiva pura, contudo, uma observação mais cuidadosa evidenciará que desejos e comportamentos relatados como sexuais disfuncionais na verdade evidenciam, ou estão a serviço, da manutenção de um vínculo afetivo patológico que o indivíduo se sente incapaz de romper.

Quais as principais linhas de tratamento propostas?

Se a dependência de sexo, assim como as outras, for compreendida como uma relação patológica com a atividade sexual, é necessário perceber que essa relação tem uma história, um sentido, um propósito, instalou-se e manteve-se na vida do indivíduo por algum motivo. Assim, o tratamento deve, mais do que simplesmente

Capítulo 5 | Dependência de sexo e parafilias sexuais

procurar suprimir ou modificar um padrão, fundamentalmente se prestar a ajudá-lo a se dar conta, compreender e se responsabilizar por esse jogo.

A partir dessa compreensão de que o comportamento dependente não é o problema em si, mas o sintoma de um funcionamento maior, e muitas vezes inconsciente ou negado pelo indivíduo, a espinha dorsal de um processo de tratamento deve ser a psicoterapia psicodinâmica profunda, que promova esse processo de elucidação, responsabilização e eventual mudança, que busque a promoção de liberdade, mais do que a mera abstinência.

Concomitantemente, podem ser úteis, e até mesmo essenciais, o tratamento farmacológico, nas circunstâncias que serão discutidas no tópico seguinte, e estratégias cognitivo-comportamentais mais estruturadas, voltadas para a alteração de comportamentos específicos, seja para pacientes que, mesmo após um processo de psicoterapia, não dão conta de promover as mudanças desejadas com recursos próprios, seja para aqueles que não apresentam condições cognitivas ou culturais para um processo de psicoterapia mais aprofundada, ou simplesmente não a desejam.

A pouca literatura técnica voltada para o tratamento da dependência de sexo e parafilias, contudo, privilegia a compreensão da dependência de sexo como problema em si, e não como sintoma de uma síndrome maior. A maioria dos programas de tratamento propostos tem, então, claro viés comportamental, privilegiando estratégias para a modificação de padrões de comportamento, dedicando-se pouco à compreensão de seus motivos e desdobramentos mais profundos.

Qual o papel dos medicamentos no tratamento da dependência de sexo?

Vários artigos, geralmente descrições de casos ou séries curtas de casos, foram escritos por ocasião do lançamento no mercado dos antidepressivos inibidores seletivos de recaptação de serotonina

Série Dilemas Modernos - Dependências não químicas e compulsões modernas

(fluoxetina, entre outros), propondo a farmacoterapia da dependência de sexo como abordagem fundamental ou mesmo única para o problema, compreendendo-o como uma forma variante de transtorno obsessivo-compulsivo, ou sintoma de um quadro depressivo mais amplo. A literatura médica aponta grande associação entre compulsividade sexual e sintomas depressivos, o que consubstanciaria esse tipo de compreensão mais biológica e essa abordagem fundamentalmente medicamentosa.

Em nossa prática, contudo, observamos prevalência bem menor de quadros depressivos do que a relatada na literatura, ou no máximo sintomas depressivos moderados, geralmente compreensíveis e reativos, insuficientes para caracterizar um transtorno depressivo maior. Temos usado a farmacoterapia em duas situações, portanto:

- Quando a pessoa apresenta um quadro psiquiátrico claro, sobreposto ou associado à dependência de sexo. Aqui, a farmacoterapia é formalmente indicada, seja porque o outro transtorno psiquiátrico merece tratamento por si só, e este é farmacológico, seja porque o não tratamento do outro transtorno piora muito as chances de sucesso do tratamento da dependência de sexo em si. Os quadros comórbidos mais frequentemente observados são os depressivos, ansiosos e outras dependências, químicas ou de outros comportamentos.

- Quando a pessoa apresenta grau muito elevado de compulsividade, impulsividade ou descontrole sobre seu comportamento sexual, a ponto de representar risco mais significativo para si mesma ou para os outros. Pode-se, então, fazer uma abordagem que é mais sintomática do que propriamente terapêutica, com drogas que diminuam sua libido ou a ansiedade. Nesse caso, o uso dos medicamentos, ainda que temporário e insuficiente por si só para resultados mais profundos e duradouros, pode ser útil ou mesmo essencial para proporcionar ao paciente condições para se dedicar a um processo psicoterápico que o leve a compreender melhor seu comportamento e a se apossar melhor das próprias escolhas e condutas.

Capítulo 5 | Dependência de sexo e parafilias sexuais

Sempre existiu historicamente a dependência de sexo? Qual sua prevalência atual?

A possibilidade de um comportamento sexual mais exuberante, quantitativa e qualitativamente, sempre esteve presente na experiência humana, e há registro de vários relatos dele nas mais diversas fontes. A compreensão do fenômeno, contudo, é que variou bastante ao longo do tempo, e um modelo de compreensão mais médico e até mesmo orgânico, esse sim, é relativamente recente.

A exuberância sexual já foi compreendida como influência mística, como na mitologia greco-romana, em que seria fruto da ação de deuses como Baco ou Pan, ou na mitologia judaico-cristã da Idade Média, em que seria decorrente de forças profanas malignas. Mais tarde, nossa cultura ocidental tendeu a compreendê-la como certo tipo de falha de caráter ou incorreção moral.

Ainda mais tarde, com o desenvolvimento da Psicanálise e, a partir desta, de toda uma linha de compreensão psicodinâmica, o mesmo comportamento ganhou a leitura de um problema psicológico, e finalmente, com a próxima mudança para um paradigma mais médico, organicista e positivista, os mesmos comportamentos puderam passar a ser enxergados como um transtorno psiquiátrico.

Talvez mais correto do que discutir qual a leitura "certa" para o problema, metafísica, moral, psicológica ou organicamente, seja perceber que não existe uma única compreensão verdadeira e final de fenômenos como comportamentos, mas que as compreensões se constroem com base em elementos de conhecimento sociais, culturais, morais e científicos que variam muito entre os vários momentos históricos, e cada uma delas teve, ou tem, validade intrínseca àquele determinado contexto.

Os parceiros dos dependentes de sexo devem participar do tratamento?

Muitas vezes, o dependente de sexo procura tratamento em segredo, não querendo que os cônjuges ou membros da família ou

Série Dilemas Modernos - Dependências não químicas e compulsões modernas

grupos sociais "oficiais" participem ou tenham conhecimento do problema, e esse sigilo deve ser oferecido e respeitado.

Em outros casos, contudo, os parceiros têm conhecimento da questão ou mesmo são aqueles que levam o indivíduo ao tratamento. Sua participação, então, quando possível, é importante, seja para receber maior esclarecimento sobre o que de fato está acontecendo e desfazer mistificações morais e leigas a respeito desse comportamento, seja como parte do tratamento propriamente dito. Uma compreensão sistêmica aponta que, usualmente, um indivíduo pode ser o depositário identificado de um problema mais complexo, presente num sistema maior, como um casal ou uma família.

Seus outros membros, mesmo que aparentemente saudáveis, podem participar de formas menos claras na construção e expressão de determinado sintoma, e é importante que seus papéis sejam também mapeados, em espaços de terapia de casal ou familial, para que as reais questões subjacentes à queixa manifesta possam ser mais bem compreendidas e tenham maior, ou alguma, chance de ser resolvidas ou modificadas.

Algumas pessoas não podem se dizer "dependentes" apenas para justificar traições e comportamentos reprováveis?

Na Psiquiatria, em comparação com outras áreas da Medicina, praticamente não existem exames subsidiários, de imagem, de sangue ou algo assim, que ajudem no diagnóstico de determinadas doenças, e este é feito fundamentalmente pela observação do comportamento do indivíduo e de suas alterações.

Quando se trata de quadros caracterizados mais por alterações quantitativas do que qualitativas desses comportamentos, essa dificuldade é ainda maior, na medida em que não existem modificações essenciais ou fundamentais e inadvertidas em aspectos do funcionamento psíquico do indivíduo, que um observador externo bem

Capítulo 5 | Dependência de sexo e parafilias sexuais

treinado pode identificar, mesmo que o indivíduo tente escondê-las ou simulá-las, até porque na maior parte das vezes nem as percebe.

Em campos como o da dependência, o relato do próprio paciente e das pessoas com quem ele convive é essencial para tentar chegar a algum diagnóstico, e esses relatos podem, sim, ser distorcidos ou falseados. Assim, é conveniente que os profissionais se questionem se estar em um tratamento acarreta ganhos secundários que possam ser o real motivo de sua busca, mas isso não significa que, mesmo havendo esses outros ganhos, a pessoa não possa ser dependente de fato.

Programas de tratamento baseados fundamentalmente em atendimento ambulatorial, não comicial, estritamente voluntário, com a busca e a concordância do próprio paciente, e que não envolvam outras ofertas além do próprio tratamento em si mesmo, podem desestimular usos espúrios ou sua busca com outras finalidades ocultas.

Como chamar de "dependência" um comportamento tão variado cultural e historicamente como o sexual?

Como dito antes, elementos de contexto social, cultural, histórico ou ontogênico, mais do que condicionar ou dificultar o diagnóstico de uma dependência de sexo, são essenciais e imprescindíveis para caracterizá-lo ou não. Por isso, tentar chegar a esse diagnóstico com base em aspectos meramente quantitativos, como a frequência de atividade sexual, ou descritivos, como tabelas de critérios diagnósticos, usualmente é inexato e insuficiente.

Diferentes culturas, grupos sociais, religiosos, socioeconômicos, ou diferentes momentos históricos sociais e pessoais, podem levar a práticas sexuais muito diversas e impossíveis de se compararem entre si. Aquilo que em determinado contexto pode parecer claramente inadequado e patológico, em outros pode ser muito mais aceitável ou até mesmo desejável.

Isso não significa, contudo, que estejamos condenados à paralisia de um absoluto relativismo que impeça o reconhecimento de

Série Dilemas Modernos - Dependências não químicas e compulsões modernas

qualquer padrão como disfuncional ou patológico, mas apenas que vários elementos devem ser levados em conta ao se buscar diagnosticar o problema.

Nesse processo, por um lado, é importante mapear como o próprio indivíduo se relaciona com seu próprio comportamento, se ele realmente apresenta um mal-estar e a sensação de falta de controle sobre ele, o que evita imposições de tratamento que reflitam nada mais do que pressões por adequação social ou familiar sobre indivíduos que podem ser até desviantes, mas não claramente dependentes. Por outro lado, devem-se levar em conta os prejuízos concretos decorrentes de determinadas condutas e escolhas, de modo a confrontar processos de negação ou minimização, aos quais é comum ao dependente recorrer, em algum momento de sua relação com seu comportamento.

É frequente ao dependente, em diferentes momentos, tanto negar a falta de um controle que, objetivamente, sem dúvida se mostra ausente, quanto, ao se dizer dependente, procurar negar para si mesmo a responsabilidade sobre condutas e escolhas que indubitavelmente são suas, como forma de resolver conflitos internos.

Dependência de internet

6

Aderbal Vieira Junior

Desde quando existe a dependência de internet?

A dependência de internet pode ser considerada a "caçula" das dependências de comportamentos, simplesmente porque antes de esse meio ser criado não era possível abusar de seu uso. Sua introdução, nos Estados Unidos, inicialmente com fins militares e acadêmicos, data da década de 1970, mas seu uso civil e sua popularização só se deu a partir da década de 1990.

No Brasil, o acesso residencial à internet, ainda por meio de conexões discadas, com o uso de linhas telefônicas, tornou-se mais relevante a partir de 1995. Desde então, a internet tem se mostrado crescentemente mais disponível, estável, barata e veloz, o que guarda relação direta também com o aumento dos casos observados de dependência.

A dificuldade de realizar estudos mais populacionais e por período prolongado de tempo impede a verificação de algumas hipóteses,

Série Dilemas Modernos - Dependências não químicas e compulsões modernas

mas é razoável supor que tenha havido um aumento considerável de uso, e portanto abuso e dependência, devido a acontecimentos como a maior disponibilidade da internet a cabo, mais veloz, estável e barata para usuários frequentes, ao não pagamento por impulsos telefônicos, à abertura de *lan-houses* e ao barateamento do custo dos computadores, o que permitiu maior acesso à internet por indivíduos de classes econômicas para os quais custo antes era uma questão impeditiva.

Quanto tempo de uso de internet caracteriza uma dependência?

O que caracteriza o abuso ou a dependência de internet não é a quantidade de tempo gasto com seu uso, ainda que nos casos mais graves essa quantidade seja frequentemente alta. Em algumas situações, ainda que passe muito tempo na frente do computador, o indivíduo pode não causar prejuízos significativos para sua vida com essa atividade, e ser capaz de interromper sem maior dificuldade esse uso quando necessário.

Por outro lado, alguns padrões de uso da internet podem ser especialmente prejudiciais e ser vividos com grande sensação de falta de controle, ainda que, em termos meramente quantitativos, nem se mostrem tão elevados. Pessoas que trabalham com a internet, situação cada vez mais comum, podem passar a maior parte de seu dia conectadas a ela, e ainda assim não apresentar qualquer dependência.

O diagnóstico é fundamentalmente qualitativo, e não quantitativo, e as frequências e tipos de uso problemático variam muito de uma pessoa para outra. Qualquer que seja a quantidade de tempo gasto com a internet, pode-se falar em dependência se estiverem presentes uma grande dificuldade subjetiva de diminuir, interromper ou modificar seu uso quando necessário e prejuízos concretos decorrentes desse padrão de uso, como negligência a outras atividades profissionais, relacionais e estudantis, substituição crescente de

Capítulo 6 | Dependência de internet

atividades presenciais pelas virtuais, descuido com sono, alimentação e saúde, entre outros.

Que tipo de uso da internet um dependente faz?

Podemos pensar nos dependentes de internet como "puros" ou "aplicados", ou primários ou secundários. No primeiro caso estão as pessoas cujo próprio uso da internet é a questão problemática, com atividades como surfar por *sites*, visitar *sites* de redes sociais (Facebook, Orkut, entre outras) ou de promoção de relacionamentos, salas de bate-papo, comunicadores instantâneos (MSN, entre outros), escrever ou acompanhar *blogs* ou Twitter, verificar caixas de *e-mail*, e assim por diante. Tais comportamentos só são possíveis por causa da própria existência da internet.

No segundo caso, encontram-se pessoas que talvez pudessem ser melhor consideradas como dependentes primárias de outros comportamentos, mas que encontram na internet uma forma de facilitar ou intensificar atividades das quais possivelmente abusariam mesmo se o computador não estivesse disponível. Assim, temos o dependente de sexo, que frequenta *sites* de pornografia ou de relacionamentos ou salas de bate-papo em busca de parceiros sexuais; ou o dependente de jogo, que busca na internet cassinos virtuais ou *sites* de apostas, ou de especulação em bolsas de valores; ou o dependente de compras, que abusa de *sites* de compras *on-line* e leilões, e assim por diante. Como sempre, a gravidade do quadro não é dada pelo tipo de uso em si, mas pelo grau de sensação de falta de controle e de disfuncionalidade e de prejuízos causados por esse uso.

Quais as consequências prejudiciais do abuso ou dependência da internet?

Como qualquer padrão de dependência, há algum grau, usualmente crescente, de estreitamento existencial, em que outras ativi-

Série Dilemas Modernos - Dependências não químicas e compulsões modernas

dades ou possibilidades vão sendo abandonadas e negligenciadas em benefício da atividade de abuso. Assim, relações interpessoais passam a ser substituídas por relações virtuais; passam a ocorrer atrasos, faltas e perda de rendimento em atividades profissionais ou estudantis; faz-se uso da internet em momentos ou contextos inapropriados, como em ambiente de trabalho; há comportamentos como busca por material inapropriado em determinados contextos, como pornografia em computadores públicos, quantidade insuficiente de sono e repouso nos casos em que o uso da internet invade as madrugadas.

Em casos mais extremos, podem ocorrer danos à saúde, na medida em que atividades físicas são substituídas por atividades virtuais; a qualidade de alimentação se deteriora, porque o dependente pula refeições ou as substitui por salgadinhos ou qualquer alimento rápido que lhe permita não se desconectar enquanto come; ou mesmo podem ocorrer lesões em coluna ou por esforço repetitivo devidas ao excesso de tempo passado em má posição ou digitando.

São relatados fenômenos como o das *cyber*-viúvas, ou seja, esposas que passam a ser severamente negligenciadas pelos maridos, que preferem o uso da internet ao cultivo das relações, ou dificuldades com "traições virtuais": relações que às vezes nem chegam a se consumar concretamente, mas que envolvem experiências de intimidade com parceiros virtuais não aceitas consensualmente nos casamentos.

Quais fatores podem favorecer o desenvolvimento de uma dependência de internet?

Além de vivermos em uma cultura em que a familiaridade com computadores e com a internet é bem-vista, tida como valor positivo, e do próprio fato de o material encontrado na internet ser cada vez mais amplo, atrativo, rápido e estável, há fatores ligados

Capítulo 6 | Dependência de internet

aos indivíduos que podem representar fragilidade para o desenvolvimento de uma dependência:

- Pessoas com estruturas de personalidade mais introvertida ou dificuldades nas relações interpessoais podem encontrar na internet um meio em que podem ressaltar ou mesmo criar características positivas e esconder características negativas, refugiar-se atrás de personagens que lhes pareçam mais adequados socialmente, ter uma latência de comunicação possível na escrita que não existe na conversa presencial direta, e com isso elaborar o conteúdo do que estão inseguras para comunicar.

- Membros de minorias sociais, religiosas ou sexuais, ou portadores de interesses muito específicos e culturalmente malvistos, podem encontrar na internet uma forma fácil, e às vezes única, de obter tais conteúdos ou manter relação com pessoas de interesses semelhantes, e acabar abusando ou mesmo ficando dependentes dessas atividades.

- Portadores de quadros psiquiátricos como depressões, que diminuam o ânimo e a disposição para atividades mais trabalhosas, ou ansiedades e agorafobia, que acarretam dificuldades para as relações interpessoais ou para sair de casa, por medo de sofrer crises de ansiedade ou ataques de pânico, podem encontrar na internet uma janela ainda possível para o mundo externo e, por esse estreitamento de possibilidades, acabar fazendo uso abusivo dela. Portadores de transtornos como o de déficit de atenção podem encontrar na internet uma fonte de estímulos muito variados e fragmentários, e por meio dela fugir do desinteresse que outras atividades mais repetitivas da vida cotidiana lhes causam, e assim por diante.

Em todos os casos, o desenvolvimento de uma dependência é um fenômeno complexo, e a mera existência dessas fragilidades não significa que a pessoa automaticamente perderá o controle sobre seu comportamento.

Série Dilemas Modernos - Dependências não químicas e compulsões modernas

O dependente deve interromper o uso da internet? Se sim, deve ser para sempre?

Ainda que, a rigor, comportamentos como fazer compras, usar internet ou até mesmo ter atividade sexual não sejam imprescindíveis, na prática é pouco razoável propor que a pessoa mantenha abstinência total e permanente deles. No caso da internet, percebe-se que ela cada vez mais se torna mais presente no cotidiano das pessoas. Atividades antes apenas presenciais passam a ser mantidas cada vez mais, e com maior eficiência, virtualmente, e determinadas ações, como o preenchimento de declarações de imposto de renda em papel ou a compra de ingressos para espetáculos em bilheterias, caem em virtual desuso.

À medida que a relevância social e cultural da internet se expande, mais difícil vai se tornando evitar seu uso, e a proposta de tratamento cada vez mais precisa ser a busca de algum tipo de uso controlado, administrado.

De qualquer modo, o objetivo do tratamento de uma dependência é maior do que promover a mera e mecânica suspensão do uso de determinada substância ou comportamento, como se seu uso em si fosse todo o problema, e não sintoma de processos mais abrangentes. Em alguns casos, medidas mais objetivas de restrição de tempo ou de determinados usos da internet podem ser taticamente interessantes, às vezes talvez até essenciais, mas a intenção última de uma proposta de tratamento é devolver ao indivíduo a liberdade e a responsabilidade sobre seu comportamento, de modo que ele possa escolher quando, quanto, como e com que finalidades acessará seu computador, de forma não prejudicial e condizente com seus projetos de vida.

Qual o perfil do dependente da internet?

Como dito antes, são muito variados os tipos de uso que se pode fazer da internet, e a cada um deles correspondem perfis mais ou

Capítulo 6 | Dependência de internet

menos específicos de usuários e, consequentemente, de abusadores e dependentes. Entre aqueles que usam a internet como forma de acessar ou otimizar outros comportamentos (sexo, jogo, entre outros), o perfil tende a ser semelhante ao dos que mantêm esses mesmos comportamentos por outros meios.

Entre os que têm na própria internet sua atividade-fim, tende a ser mais frequente uma faixa etária menor, dado que os mais jovens têm maior familiaridade com o universo da informática e estão mais imersos em um contexto em que a internet está mais presente. Pessoas com diversas dificuldades ou deficiências nas relações interpessoais podem encontrar na internet formas mais protegidas ou anônimas de se relacionar, mas esse traço não é condição necessária para o desenvolvimento da dependência.

Faltam, contudo, estudos populacionais abrangentes a respeito de características de dependentes de internet em grandes populações gerais. As informações que por ora temos limitam-se a estudos de grupos bem menores e mais específicos, como os estudantes de determinada universidade, ou da observação clínica dos pacientes que buscam tratamento para esse problema, o que pode não refletir as características dos dependentes que não estão em programas de tratamento ou não acabaram por acaso mapeados em uma pesquisa menos abrangente.

Existem síndromes de abstinência e de tolerância da internet?

A expressão "síndrome de tolerância" define uma situação em que o organismo, introduzido ao contato com uma substância externa estranha ao seu funcionamento, procura se adaptar a ela, estabelecer com ela algum grau de equilíbrio possível. Isso, em geral, leva a uma diminuição de seu efeito inicial e faz com que o indivíduo precise aumentar a quantidade usada da droga para ter a mesma sensação, e se não o fizer, terá a sensação de efeito crescentemente reduzido.

Série Dilemas Modernos - Dependências não químicas e compulsões modernas

Já a "síndrome de abstinência" ocorre quando esse organismo, privado da substância com a qual se acostumou e estabeleceu um estado de homeostase, tem sua fisiologia temporariamente perturbada pela falta dessa droga, o que se traduz em uma série de alterações autonômicas, motoras, sensoperceptivas e até mesmo de nível de consciência. É com esses fenômenos que lidam as clínicas de "desintoxicação".

Dependentes de internet podem experimentar fenômenos semelhantes, como a sensação de esgotamento da experiência ou a necessidade de modificar gradualmente o tempo, o tipo e a circunstância de uso para que a experiência continue lhes proporcionando o mesmo prazer.

Quando privados da internet, podem também sentir grande ansiedade e sensação subjetiva de falta, e todos esses fenômenos ocorrem dentro dessa estrutura orgânica que é seu cérebro. Contudo, no caso do uso da internet e de outros comportamentos, nenhuma substância externa veio alterar a fisiologia normal do indivíduo, e todas as sensações que ele experimenta em seu processo de dependência são aquelas possíveis a um cérebro e a um organismo funcionando fisiologicamente de modo normal.

Desse modo, não é correto falar de síndromes de tolerância ou abstinência de internet, ou de outros comportamentos, em seu senso estrito. No máximo, as expressões podem ser usadas como metáforas, em analogia a seus correspondentes observados nas dependências químicas.

Quais as perspectivas futuras para o problema da dependência de internet?

As características fundamentais de uma relação de dependência, a sensação de diminuição ou perda de controle sobre o uso de algo e a disfuncionalidade ou prejuízos causados por esse uso não são estanques e objetivas, mas fenômenos complexos, dependentes de características do indivíduo, do próprio comportamento e do momento cultural e social no qual se inserem.

Capítulo 6 | Dependência de internet

À medida que a informatização e a mediação pela internet de vários processos cotidianos vão ganhando cada vez mais espaço em nosso dia a dia, também a noção do que pode ser compreendido como dependência vai se transformando. A quantidade de uso de computadores e da internet, em termos absolutos, vem crescendo na população geral, o que modifica a percepção do que seria uma quantidade de uso abusivo ou exagerado.

Atividades talvez inicialmente vistas culturalmente com mais estranheza, como frequentar *sites* de relacionamentos ou expor quantidade relativamente maior de nossa intimidade em *sites* abertos à visitação pública, vão aos poucos se naturalizando e ganhando mais aceitação, o que se reflete na noção de sua disfuncionalidade. Quanto mais a informatização e a internet vão se firmando em nosso funcionamento cotidiano, mais se constrói culturalmente uma noção de que são realmente necessárias, o que tem reflexos na sensação de perda de controle e liberdade relatada pelos dependentes.

Ao contrário da maioria dos outros objetos de dependência, a internet tem a característica de uma evolução muito rápida, com aprimoramentos tecnológicos, novos conteúdos e tipos de uso muito rapidamente aparecendo, o que tem feito com que a própria dependência dela seja um fenômeno em constante modificação.

Assim, talvez futuramente observemos um aumento na busca por tratamento de dependência de internet, à medida que os atuais usuários gradualmente comprometam suas atividades e relacionamentos presenciais em benefício de atividades virtuais, mas também é possível que novas configurações culturais e sociais modifiquem a compreensão de disfuncionalidade de alguns comportamentos atuais, fazendo com que alguns dos abusadores de hoje deixem de se ver, ou ser vistos, desse modo.

Como saber se meu filho está abusando da internet ou se é dependente dela?

Além do risco de exposição de informação pessoal ou íntima e de manipulação por pessoas mal-intencionadas, crianças e adoles-

Série Dilemas Modernos - Dependências não químicas e compulsões modernas

centes estão de certa forma mais expostas à possibilidade de abuso e dependência da internet, por terem menos condições de negociar consigo mesmas limites e a necessidade de dedicação a atividades que, na comparação, parecem muito menos relevantes ou imediatamente gratificantes do que as que o computador lhes oferece.

Os pais, por sua vez, nem sempre muito familiarizados com os próprios meios informáticos ou com as práticas e hábitos vigentes nos grupos sociais dos filhos, podem ficar desconfortáveis ou sem parâmetros para lhes impor limites e regras razoáveis.

Como qualquer outro comportamento dependente, este diz respeito não apenas a um excesso de uso da internet, mas a faltas e problemas existentes em outras áreas de funcionamento da criança ou adolescente, refletindo ou crescentemente levando a um empobrecimento existencial, indicando que o filho se refugia em algum tipo de atividade virtual porque está experimentando dificuldade em algum outro campo.

O excesso do uso do computador, por sua vez, retroalimenta a si mesmo, uma vez que a questão mais ampla permanece irresoluta e tendendo a, cada vez mais, suscitar o mesmo comportamento de fuga ou substituição da situação real pela atividade virtual. Assim, mais do que a quantidade de uso em si, os pais devem estar atentos aos padrões de uso e ao entorno dos filhos, suas outras atividades e relações, observando se o uso da internet facilita e enriquece as outras atividades ou se as prejudica e substitui.

Períodos de uso mais frequente ou prolongado, por exemplo, quando o adolescente adquire um jogo novo, são comuns e geralmente autolimitados, ou facilmente limitados pela imposição externa de algumas regras. Se começa a haver dificuldade ou resistência maior a seu cumprimento, é conveniente dedicar mais atenção à questão e, eventualmente, procurar avaliação profissional e tratamento.

Anorexia nervosa: adição à dieta?

Mara Fernandes Maranhão
Angélica M. Claudino

Quais são as principais características de um transtorno alimentar (TA)?

São características comportamentais gerais dos transtornos alimentares:
- Padrões alimentares inadequados;
- Preocupação excessiva com o peso e a forma do corpo;
- Distorção da autoimagem.

O que é anorexia nervosa (AN)?

AN é um transtorno do comportamento alimentar que se caracteriza por recusa em manter o peso acima de um mínimo considerado adequado para determinada idade e altura (índice de massa corporal inferior a 17,5 kg/m^2 ou 85% do peso esperado) por causa de medo intenso de engordar e de perturbação na forma de perceber o peso ou o corpo (também descrita como distorção da

Série Dilemas Modernos - Dependências não químicas e compulsões modernas

percepção da imagem corporal). Indivíduos com AN apresentam parada dos ciclos menstruais (amenorreia) – o *Manual Diagnóstico e Estatístico dos Transtornos Mentais*, em sua quarta edição revisada (DSM-IV-TR), recomenda a ausência de pelo menos três ciclos consecutivos para o diagnóstico.

No entanto, algumas pacientes apresentam todo o quadro de AN, mas não param de menstruar, ou não descrevem claramente o pavor de engordar (embora não consigam se alimentar adequadamente), ou ainda apresentam os sintomas de forma menos intensa (quadros parciais ou atípicos de AN). Meninas pré-adolescentes podem ter atraso da menarca (início da menstruação) em virtude da AN; e crianças e adolescentes podem ter prejuízos do crescimento e do desenvolvimento sexual decorrentes do processo, que envolve desnutrição ou menor ganho de peso que o esperado durante o crescimento.

Dois tipos de AN estão descritos: o tipo restritivo e o tipo purgativo. No primeiro tipo, os pacientes restringem a quantidade de alimentos ingerida e não apresentam episódios de compulsão alimentar, nem se utilizam de comportamentos inadequados de controle de peso (como uso inapropriado de laxantes e diuréticos ou indução de vômitos) e no máximo fazem jejuns ou exageram em exercícios. O segundo tipo refere-se àqueles indivíduos que, além de restringirem a alimentação, apresentam compulsões alimentares periódicas e/ou comportamentos compensatórios para evitar ganho de ganho de peso, ou mesmo para favorecer sua perda.

Qual o grupo de risco para o desenvolvimento desse transtorno?

Mulheres jovens, especificamente adolescentes, constituem o grupo de maior risco para desenvolvimento de AN. Entre as pesquisas que buscam identificar os grupos ocupacionais mais vulneráveis aos transtornos alimentares, algumas têm demonstrado que a doença é mais frequente em certas profissões (atrizes, modelos,

Capítulo 7 | Anorexia nervosa: adição à dieta?

bailarinas, esportistas, profissionais de saúde como nutricionistas); esse achado está possivelmente relacionado à pressão que existe em algumas dessas profissões pela busca do corpo magro para melhor *performance* (por exemplo, patinadoras, ginastas) ou pela adequação aos padrões vigentes de beleza.

Quais as causas da anorexia nervosa?

Não existe uma causa única para a AN, uma vez que nenhum fator etiológico isolado parece ser suficiente para provocar o desenvolvimento da doença. O estabelecimento e a persistência da anorexia dependerão da presença de circunstâncias que ativem a vulnerabilidade do indivíduo a fatores de risco. Considerando o modelo multifatorial que rege o aparecimento da doença, é possível identificar fatores predisponentes (sexo feminino, história familiar de transtorno alimentar, baixa autoestima, perfeccionismo e dificuldade em expressar emoções), fatores precipitantes (dieta, eventos traumáticos ou de perda, alterações da dinâmica familiar, proximidade da menarca e entrada na adolescência) e fatores mantenedores (alterações endócrinas, distorção da imagem corporal, distorções cognitivas e práticas purgativas).

Qual a relação entre anorexia nervosa e comportamentos aditivos?

Sabe-se hoje que o comportamento alimentar é bastante complexo e que as doenças que o afetam são determinadas por vários fatores (culturais, individuais, biológicos) que interagem entre si. Ainda assim, vários estudos feitos nos últimos anos estabelecem uma aproximação entre os transtornos alimentares e a dependência química, devido às semelhanças comportamentais e à presença de alterações cerebrais comuns nessas doenças.

Com relação às alterações da química cerebral, sabe-se que, entre as várias substâncias que são diariamente secretadas em nosso

Série Dilemas Modernos - Dependências não químicas e compulsões modernas

organismo a fim de manter sempre um funcionamento orgânico equilibrado (homeostase), os hormônios são as que desempenham o papel principal. Em qualquer situação de desequilíbrio orgânico, eles entram em cena para amenizar ou restabelecer a homeostase (psicofisiológica). Pode-se considerar que a privação alimentar, os episódios de compulsão alimentar, as manobras de purgação e a atividade física excessiva (sintomas centrais da AN) são fatores de estresse para o corpo, já que diversas funções e necessidades orgânicas (principalmente energéticas) são alteradas.

Dentre os diversos hormônios que são liberados em tais circunstâncias ressaltam-se a dopamina e os opioides endógenos (endorfinas). A betaendorfina apresenta forte potencial de abuso devido à sua propriedade ativadora das vias que afetam as sensações de recompensa e prazer; esses mesmos circuitos estão também envolvidos no abuso e dependência de drogas. Desse modo, a teoria que caracteriza a AN como um tipo de "adição à restrição alimentar" baseia-se nas propriedades reforçadoras positivas ou negativas da prática do jejum e de dietas restritivas, fazendo uma analogia desse comportamento com a dependência de substâncias psicoativas.

O reforço positivo da restrição alimentar e dos episódios de compulsão alimentar estaria associado ao fato de esses comportamentos aumentarem os níveis dos principais neurotransmissores envolvidos na sensação de prazer (endorfinas e dopamina), minimizando estados negativos de humor e sensações de desconforto físico e/ou psíquico.

Como é feito o tratamento da anorexia nervosa?

Sendo a AN uma condição grave e de risco, seu tratamento deve ser iniciado o quanto antes e, sempre que possível, envolver uma equipe multidisciplinar com preparo para atender a esse tipo de problema (centros especializados). O tratamento geralmente inclui:

Capítulo 7 | Anorexia nervosa: adição à dieta?

- Acompanhamento psiquiátrico: O psiquiatra tem papel importante no tratamento, constituindo-se com frequência em referência para o paciente, a família e a equipe. O profissional deverá avaliar a gravidade do quadro alimentar geral e a presença de complicações físicas decorrentes da AN, assim como a existência de outros transtornos psiquiátricos associados que precisam de tratamento (depressão, abuso de drogas, transtornos de ansiedade, entre outros). O psiquiatra, assim como outros profissionais envolvidos, deve fornecer informações sobre a doença e seus riscos, buscando motivar os pacientes para o tratamento.

- O psiquiatra busca ajudar os pacientes a identificarem suas falhas de percepção (por exemplo, em relação a interpretações errôneas sobre seu peso e forma) e a controlarem comportamentos que aumentam os riscos físicos. As medicações podem fazer parte do tratamento, embora nunca devam ser usadas isoladamente. Elas servem para tentar reduzir sintomas de natureza obsessiva (como ruminações ou pensamentos recorrentes sobre corpo, peso, comida), ansiosa (ansiedade em momentos de alimentação), depressiva (por exemplo, falta de motivação ou interesse por outros aspectos não relacionados a corpo e comida) e, por vezes, sintomas deliroides e pseudoalucinações (por exemplo, na forma de distorções bizarras da imagem corporal ou vozes que mandam "não comer"). Os sintomas da AN, assim como outros sintomas associados, podem justificar a combinação de medicações, especialmente quando não há resposta às outras intervenções. Utilizam-se antidepressivos (principalmente os inibidores seletivos de recaptação de serotonina) e neurolépticos (em especial, os atípicos).

- Reeducação alimentar: É feito pelo nutricionista, que avalia o peso e o padrão alimentar do paciente e informa sobre alimentação adequada e peso saudável. A recuperação de peso é meta inicial e essencial do tratamento da AN. A reintrodu-

Série Dilemas Modernos - Dependências não químicas e compulsões modernas

ção dos alimentos é feita de forma gradativa, envolvendo diretamente o paciente e seus responsáveis. O diário alimentar é um instrumento frequentemente utilizado nesse processo.

- Atendimento familiar: A maioria dos estudos concorda que a terapia familiar, assim como o aconselhamento para pais, constituem o método mais eficaz no tratamento de pacientes adolescentes com AN. A terapia familiar prepara os pais para lidarem melhor com os sintomas do paciente, auxiliando no processo de recuperação nutricional, assim como identificando aspectos do funcionamento da família que contribuem para a manutenção da doença.
- Psicoterapia individual ou grupal: Essas intervenções, em geral, têm embasamento cognitivo-comportamental ou psicodinâmico. No primeiro caso, busca-se a identificação e a compreensão, pelo paciente, da interação entre seus pensamentos distorcidos e sentimentos que geram comportamentos prejudiciais. O atendimento psicodinâmico, por sua vez, ajuda a pessoa que sofre de AN a compreender melhor o significado e a função do sintoma alimentar em sua vida, possibilitando o surgimento de novas formas de expressão dos afetos e promovendo melhora do funcionamento global.

Em que casos pode ser indicada internação?

Há situações em que o paciente com AN pode necessitar de um tratamento mais intensivo, que inclui hospitalização parcial (hospital-dia) e/ou hospitalização integral. Alguns aspectos ajudam na decisão por internação, devendo ser considerados a gravidade dos comportamentos alimentares e de controle de peso (dieta e uso de métodos purgativos), o grau de desnutrição alcançado e a presença de complicações clínicas e psiquiátricas. De modo geral, a internação integral é indicada nas seguintes situações: a) desnutrição grave ou índice de massa corporal < 14 kg/m²; b) complicações clínicas que impõem risco à vida (arritmias, desidratação grave, disfunção

Capítulo 7 | Anorexia nervosa: adição à dieta?

renal e/ou hepática); c) presença concomitante de depressão grave, com risco de suicídio; d) falha das outras opções de tratamento (por falta de engajamento do próprio paciente e/ou da família). O hospital-dia (ou regime semi-intensivo) geralmente é usado para pacientes que saem da internação, mas ainda demandam cuidados mais regulares, ou quando se busca evitar uma internação intensificando o acompanhamento.

Quais as complicações decorrentes da doença?

As complicações clínicas da AN são variadas e se relacionam principalmente com o grau de perda de peso corporal e com os métodos compensatórios utilizados por aqueles que sofrem da doença. Muitas dessas complicações podem ocorrer por demora em buscar ajuda ou para se diagnosticar a doença, pois muitos pacientes escondem os sintomas e/ou recusam-se a ir ao médico.

Entre os principais problemas clínicos decorrentes da AN, estão:

- Alterações endócrino-metabólicas: Alterações de hormônios sexuais (que podem levar à infertilidade), hormônios ligados ao estresse, hormônio tireoidianos, baixos níveis de açúcar no sangue;
- Alterações ósseas: Aumento da porosidade dos ossos – osteopenia/osteoporose –, que leva a maior fragilidade óssea e fraturas patológicas, além de atraso do crescimento;
- Alterações hidroeletrolíticas: Alterações de hidratação e dos níveis sanguíneos de elementos como potássio, sódio, magnésio e fósforo, que geralmente ocorrem como consequência do uso excessivo de diuréticos e laxantes e da indução de vômitos – estes levam a sintomas como fraqueza, confusão mental, náusea, palpitações e arritmia cardíaca;
- Alterações da pele: Em geral decorrentes da desnutrição e suas alterações metabólicas/hormonais; pele pálida, seca, sem brilho e, algumas vezes, coberta por uma fina camada

Série Dilemas Modernos - Dependências não químicas e compulsões modernas

de pelos (denominada "lanugo") são achados frequentes na AN; a pele também pode apresentar coloração amarelada (por altos níveis de caroteno);

- Alterações cardíacas e circulatórias: Pressão baixa e diminuição da frequência cardíaca (como adaptação ao estado de desnutrição) estão presentes em grande parte das pacientes; também há maior risco de desenvolvimento de morte súbita, principalmente em pessoas que purgam e têm alterações de eletrólitos.
- Alterações gastrointestinais: A obstipação (intestino preso) é um dos sintomas mais frequentes na AN; outras possíveis complicações são gastrite, irritação da garganta e erosão do esmalte dentário (quando há indução de vômitos).

Como evoluem os quadros de anorexia nervosa?

Sabe-se que o tratamento da AN ainda representa grande desafio aos profissionais de saúde. Um dos aspectos que contribui para isso é a negação da doença, ou seja, as pessoas com AN não se percebem doentes e não buscam ajuda espontaneamente na maioria das vezes. Além disso, a indecisão sobre realizar ou não o tratamento (pelo risco de ganharem peso, entre outros aspectos) acarreta altos índices de recusa e abandono dele.

Em geral, em indivíduos que recebem tratamento, as taxas de recuperação completa da AN ficam em torno de 40% e 50% e as de recuperação parcial, em torno de 30%. No entanto, aproximadamente 20% dos casos seguem um curso crônico (não conseguem recuperar o peso e/ou a menstruação e permanecem extremamente preocupados com o peso e a forma do corpo). Além disso, deve-se ressaltar que a AN apresenta a maior taxa de mortalidade entre todos os transtornos psiquiátricos, sendo as principais causas de morte as complicações clínicas da doença (principalmente arritmia cardíaca) e o suicídio. Entre os fatores que contribuem para

Capítulo 7 | Anorexia nervosa: adição à dieta?

a manutenção do transtorno, estão o surgimento e a permanência de sintomas bulímicos, bem como a presença simultânea de outros transtornos psiquiátricos. Assim sendo, quanto mais precocemente for instituído o tratamento, maiores serão as chances de recuperação.

Sugestões de leitura

1. Claudino AM, Zanella MT (Orgs.). Transtornos alimentares e obesidade – Guias de Medicina Ambulatorial e Hospitalar. Unifesp/Escola Paulista de Medicina. Barueri, SP: Manole; 2005.
2. Nunes MA, Galvão AL, Appolinário JC, et al. (Orgs.) Transtornos alimentares e obesidade. Porto Alegre, RS: Artes Médicas; 2006.
3. Weimberg C (Org.). Transtornos alimentares na infância e adolescência – uma visão multidisciplinar. São Paulo: Sá Editora; 2008.
4. DSM-IV-TR TM. Manual Diagnóstico e Estatístico de Transtornos Mentais. 4ª ed. rev. Porto Alegre, RS: Artmed; 2002.
5. Organização Mundial de Saúde. Classificação de transtornos mentais e de comportamento da CID-10. Descrições clínicas e diretrizes diagnósticas. Porto Alegre, RS: Artes Médicas; 1993.
6. Gura T. Addicted to starvation: the neurological roots of anorexia. The Scientific American Magazine. 2008.

Transornos bulímicos: o comer compulsivo como um vício

Mara Fernandes Maranhão
Angélica M. Claudino

O que é transtorno alimentar?

Distúrbio alimentar ou transtorno alimentar (TA) é um quadro em que comportamentos diferenciados relacionados à ingestão de alimentos acarretam danos psicológicos, sociais e clínicos, podendo levar à desnutrição severa e à morte, em casos extremos. São características comportamentais gerais dos TA:
- Padrões alimentares inadequados;
- Preocupação excessiva com o peso e a forma do corpo;
- Distorção da autoimagem.

O que é compulsão alimentar?

O episódio de compulsão alimentar, também conhecido como episódio bulímico ou, em inglês, *binge eating*, é o comportamento alimentar caracterizado pela ingestão de grande quantidade de alimento em um período de tempo delimitado (em geral, em até

Série Dilemas Modernos - Dependências não químicas e compulsões modernas

2 horas), acompanhado da sensação de perda de controle sobre o que ou o quanto se come. Os episódios de compulsão alimentar estão frequentemente associados a alguns dos seguintes aspectos: comer mais rápido do que o usual; ingerir os alimentos até sentir--se desconfortavelmente cheio; consumir grandes quantidades de alimentos, apesar de não estar com fome; comer sozinho por se sentir constrangido com a quantidade que está consumindo; sentir-se decepcionado, deprimido ou culpado pela ingestão alimentar excessiva. Em episódios de compulsão alimentar, é comum ocorrer ingestão de alimentos com alto teor de gordura e carboidratos (maior teor calórico), como chocolate, *pizza*, sorvete, doces, entre outros – são geralmente alimentos que não necessitam de preparo e que são evitados na dieta habitual dos indivíduos que apresentam tais episódios. Em média, o episódio envolve a ingestão de 1.500 a 2.500 calorias, mas quantidades bem maiores também são relatadas.

Quais são os transtornos bulímicos?

O transtorno alimentar do tipo bulímico mais conhecido é a bulimia nervosa (BN). Pessoas com BN apresentam episódios de compulsão alimentar recorrentes, que costumam ser seguidos de comportamentos compensatórios (por exemplo, vômitos, uso de laxantes e/ou diuréticos, jejuns, exercícios excessivos), uma vez que os indivíduos com esse transtorno também apresentam grande preocupação com o peso e a forma física, com os quais costumam se achar insatisfeitos mesmo tendo um peso na faixa da normalidade (na maioria das vezes).

Pessoas com BN vivem preocupadas com dietas e é comum alternarem restrição alimentar e episódios de compulsão alimentar. Atualmente, o diagnóstico de BN, segundo a classificação norte--americana de doenças mentais (*Manual Diagnóstico e Estatístico dos Transtornos Mentais*, quarta edição revisada – DSM-IV-TR) exige a ocorrência de pelo menos dois episódios por semana por

**Capítulo 8 | Transtornos bulímicos:
o comer compulsivo como um vício**

três meses seguidos. Quadros bulímicos com sintomatologia menos grave ou em que um ou mais sintomas não estão presentes são comuns (bulimia nervosa parcial ou atípica).

Mais recentemente, tem-se estudado um novo quadro, denominado transtorno de compulsão alimentar periódica (TCAP) pela classificação de doenças mentais (DSM-IV-TR). Assim como na BN, o episódio de compulsão alimentar é o elemento central desse quadro (com frequência de pelo menos dois dias por semana, durante seis meses), porém ele não é seguido por mecanismos compensatórios como na BN. Pessoas com TCAP experimentam importante angústia relacionada ao seu comportamento alimentar. É frequente a associação do TCAP à obesidade.

Os transtornos bulímicos são frequentes?

Os transtornos alimentares podem atingir pessoas de todas as camadas sociais, de todas as raças, de todos os graus de escolaridade e de ambos os sexos, mas são mais frequentemente relatados entre adolescentes e adultos do sexo feminino. Dados internacionais apontam que a prevalência de BN ao longo da vida em população geral adulta é de aproximadamente 1,5% em mulheres e 0,5% em homens. No caso do TCAP, as prevalências ao longo da vida em mulheres e homens são de cerca de 3,5% e 2%, respectivamente.

Sabe-se, no entanto, que os comportamentos alimentares disfuncionais ocorrem ao longo de um *continuum* de gravidade, de modo que um percentual dos indivíduos não preenche todos os critérios necessários para o diagnóstico de BN ou TCAP, apresentando quadros ou síndromes parciais. Tais quadros são mais frequentes que as síndromes completas. No Brasil, ainda são escassos os estudos sobre a frequência com que esses transtornos se manifestam, mas alguns achados sugerem a manifestação de TCAP em cerca de 16% a 50% dos indivíduos em programas para perda de peso.

Série Dilemas Modernos - Dependências não químicas e compulsões modernas

Quais são os fatores de risco para transtornos bulímicos?

Os transtornos bulímicos, assim como os demais transtornos alimentares, podem decorrer de várias causas, envolvendo fatores socioculturais e vulnerabilidades biológicas e psicológicas. Dentre os fatores que predispõem ao desenvolvimento desses transtornos, destacam-se: traços de personalidade (como baixa autoestima, perfeccionismo, impulsividade e pensamentos dicotômicos), história prévia de sobrepeso e/ou obesidade, hábito de fazer dietas, presença de outras patologias psiquiátricas, história de transtornos alimentares e/ou outros transtornos psiquiátricos na família, abuso sexual ou físico e problemas durante a infância. Além disso, o contexto sociocultural em que o indivíduo vive, como os casos em que há extrema valorização do corpo magro, também contribui para o desenvolvimento dos transtornos bulímicos.

Qual a relação entre transtornos bulímicos e comportamentos aditivos?

Muitos estudos estabelecem um paralelo entre os transtornos bulímicos e a dependência de drogas. Entre as evidências que apontam para a presença de semelhanças entre essas duas condições, podemos citar:

- Altas taxas de comorbidade: Sabe-se que cerca de 30% das pessoas que sofrem de transtornos alimentares também abusam ou são dependentes de alguma substância psicoativa.
- Semelhanças comportamentais: Os transtornos bulímicos e a dependência de drogas também possuem várias semelhanças comportamentais, pois em ambos os casos verificam-se: (1) estreitamento do repertório, levando a um padrão de comportamento estereotipado (repetitivo e inflexível); (2) saliência do comportamento (de usar drogas ou de ter

64

**Capítulo 8 | Transtornos bulímicos:
o comer compulsivo como um vício**

episódios de compulsão alimentar/purgação), o qual adquire prioridade sobre outras atividades; (3) presença de tolerância, a qual se manifesta por aumento da frequência do comportamento com o tempo; (4) sintomas de abstinência, relacionados ao surgimento de irritabilidade, depressão, ansiedade, entre outros, quando a pessoa é privada de usar drogas ou de manter episódios de *binge* alimentar; (5) presença de "fissura" (também chamada de *craving*), que se caracteriza pelo desejo muito intenso, incontrolável, por algo específico; a fissura costuma preceder tanto o uso de drogas quanto os episódios de compulsão alimentar; (6) persistência do comportamento apesar das consequências negativas que pode trazer, mostrando haver comprometimento das áreas cerebrais envolvidas no controle dos impulsos

- Alterações cerebrais: Como muitos comportamentos agradáveis, incluindo sexo e uso de drogas, comer pode desencadear a liberação de dopamina e endorfinas, substâncias que promovem a sensação de bem-estar. Pesquisas com modelos animais também têm sugerido que, além das propriedades reforçadoras primárias, ocorrem associações aprendidas entre propriedades prazerosas da comida e o ambiente ou circunstâncias em que o alimento é consumido – pistas sensoriais que levam ao aumento da ingestão alimentar mesmo na ausência de fome. Com o passar do tempo, ocorre adaptação das vias naturais de recompensa, de forma que os centros de prazer do cérebro se tornam menos sensíveis, predispondo o indivíduo ao comportamento compulsivo e gerando um círculo vicioso. Deve-se ressaltar que nem todas as drogas causam dependência com a mesma rapidez e intensidade, já que cada uma delas possui características próprias que lhes conferem seu poder aditivo. Em geral, quanto mais dopamina é liberada com o uso da droga, mais intenso será o prazer do indivíduo e maior será a probabilidade de se

Série Dilemas Modernos - Dependências não químicas e compulsões modernas

buscar repetidamente essa sensação. Com a comida acontece o mesmo, já que alimentos ricos em gorduras e carboidratos de fácil digestão estão muito mais relacionados à compulsão alimentar do que alimentos ricos em fibras e proteínas.

Como os transtornos bulímicos são tratados?

O tratamento dos transtornos bulímicos é composto por medicamentos, psicoterapia e aconselhamento nutricional. A educação do paciente no que diz respeito ao reconhecimento dos sintomas e à incorporação de hábitos de vida saudáveis, assim como a prática regular de atividade física e uma dieta equilibrada, também são de grande importância. A abordagem e o controle dos episódios de compulsão alimentar são a meta principal do tratamento.

A terapia cognitivo-comportamental (TCC) é a intervenção psicoterápica mais investigada no TCAP e na BN por meio de bons estudos clínicos, sendo crescente sua utilização em diversos centros especializados no tratamento dos transtornos alimentares mundialmente. No entanto, outras técnicas também se mostram úteis no tratamento desses quadros (por exemplo, psicoterapia interpessoal).

De maneira geral, três classes principais de medicamentos foram estudadas em pacientes com transtornos bulímicos:

- Antidepressivos – de modo especial, os inibidores seletivos de recaptação da serotonina (ISRS) permanecem como a classe farmacológica mais estudada e utilizada nessas condições. Os ISRS (fluoxetina, fluvoxamina, sertralina e citalopram) têm sido descritos como capazes de reduzir significantemente os sintomas alimentares, com menor impacto sobre o peso;
- Agentes neuroterapêuticos – por exemplo, o topiramato (anticonvulsivante);
- Agentes utilizados no tratamento da obesidade – por exemplo, sibutramina e orlistat.

Capítulo 8 | Transtornos bulímicos: o comer compulsivo como um vício

Os antidepressivos são considerados a primeira alternativa quando não há resposta à psicoterapia ou quando esta não se acha disponível. Alguns efeitos adversos de outros agentes limitam sua indicação e utilização rotineira.

Quais os riscos relacionados com os transtornos bulímicos?

Os riscos e complicações relacionados à BN decorrem principalmente dos comportamentos purgativos. Entre eles estão: alterações metabólicas e hidroeletrolíticas (baixos níveis de potássio, níveis aumentados ou baixos de sódio, baixos níveis de magnésio e fósforo), distúrbios gastrointestinais (lentidão no esvaziamento do estômago, dilatação do estômago, obstipação (intestino preso), aumento das glândulas parótidas e de sua enzima amilase, alterações dentárias (aumento de cáries e desgaste do esmalte dentário), entre outros.

No TCAP, a maioria das complicações é secundária ao ganho de peso e à consequente obesidade, muito comum nesses pacientes. Entre as principais consequências da obesidade, podem-se citar: alterações do metabolismo de gorduras, aumento da pressão arterial, diabetes, disfunções respiratórias (como apneia do sono), problemas ortopédicos, excesso de depósitos de gordura no fígado, síndrome de ovários policísticos, entre outros. É importante lembrar que essas doenças têm sua prevalência aumentada conforme o estado nutricional do paciente.

Como evoluem os transtornos bulímicos?

Os índices de recuperação completa da BN estão entre 50% e 70%, sendo maiores conforme o período de acompanhamento após o tratamento. Todavia, as taxas de recaída situam-se em torno de 30% a 50%. A BN pode, portanto, apresentar-se como uma patologia duradoura, com múltiplos episódios de remissão e recaída ao

Série Dilemas Modernos - Dependências não químicas e compulsões modernas

longo do tempo. Paralelamente, as taxas de mortalidade (por qualquer causa) de pessoas com BN estão entre 0,3% e 3%, de acordo com a gravidade dos casos clínicos.

Os fatores que indicam melhor evolução são: sintomatologia leve a moderada, indicação de tratamento ambulatorial, menor duração da doença antes do tratamento, motivação para o atendimento e bom suporte social. Por outro lado, a associação da BN a outros transtornos psiquiátricos (principalmente abuso de substâncias e sintomas depressivos) e sintomatologia alimentar mais grave no início do quadro indicam pior prognóstico (evolução desfavorável da doença).

Com relação ao TCAP, os estudos são mais escassos, mas sinalizam tratar-se também de uma condição duradoura (mais que 10 anos), evoluindo com períodos de remissão e recaídas. Apesar de tratamentos efetivos terem sido identificados para o TCAP, uma parcela substancial dos pacientes (um terço a metade) não atinge completa cessação dos episódios de compulsão alimentar com os tratamentos. Indivíduos obesos com TCAP parecem constituir um grupo que se diferencia dentro do universo de obesos, apresentando pior evolução em termos de problemas médicos e psicológicos e pior qualidade de vida.

Sugestões de leitura

1. Claudino AM, Zanella MT (Orgs.). Transtornos alimentares e obesidade – Guias de Medicina Ambulatorial e Hospitalar. Unifesp/Escola Paulista de Medicina. Barueri, SP: Manole; 2005.
2. Nunes MA, Galvão AL, Appolinário JC, et al. (Orgs.). Transtornos alimentares e obesidade. Porto Alegre, RS: Artes Médicas; 2006.
3. Weimberg C (Org.). Transtornos alimentares na infância e adolescência – Uma visão multidisciplinar. São Paulo, SP: Sá Editora; 2008.
4. DSM-IV-TR TM. Manual Diagnóstico e Estatístico de Transtornos Mentais. 4ª ed. rev. Porto Alegre, RS: Artmed; 2002.

Capítulo 8 | Transtornos bulímicos: o comer compulsivo como um vício

5. Organização Mundial de Saúde. Classificação de transtornos mentais e de comportamento da CID-10. Descrições clínicas e diretrizes diagnósticas. Porto Alegre, RS: Artes Médicas; 1993.
6. Grimm O. Armadilhas da obesidade. Revista Mente & Cérebro. 2007;14(169):66-71.

Transtorno dismórfico corporal

Celso Alves dos Santos Filho

O que é o transtorno dismórfico corporal?

Transtorno dismórfico corporal (TDC), tradicionalmente conhecido como dismorfofobia, é uma síndrome psiquiátrica cuja principal característica é a presença de uma preocupação patológica com uma suposta deformidade em um determinado aspecto do corpo.

As pessoas portadoras desse quadro são atormentadas pela preocupação excessiva e persistente de que certa parte do seu corpo está deformada ou desfigurada e que as pessoas ao seu redor conseguem perceber o quão feias elas são por conta disso. Acontece que, na maior parte dos casos, esse defeito não existe, mas é imaginado de maneira tão intensa pelo paciente que ele acaba acreditando sem a menor dúvida.

Em outras situações, a pessoa até possui uma parte do corpo com um leve problema estético que não interfere em nada em sua

Série Dilemas Modernos - Dependências não químicas e compulsões modernas

aparência, mas ela tem a certeza de que seu problema é grave e é percebido por todas as pessoas que se aproximam dela.

O transtorno dismórfico corporal pode ser um problema de vaidade?

Não se pode pensar o TDC simplesmente como uma questão de vaidade. Em primeiro lugar, porque a vaidade é uma qualidade aceitável e necessária para as pessoas de modo geral, que faz com que elas cuidem da sua aparência e sintam-se melhores consigo mesmas.

Na maior parte das vezes, esse sentimento não representa nenhum tipo de problema para o indivíduo. Porém, quando a vaidade se torna excessiva, a pessoa pode desenvolver um quadro de narcisismo caracterizado, entre outras coisas, por grandiosidade, amor próprio exagerado e desvalorização daqueles ao seu redor.

No TDC, a pessoa vive angustiada com a percepção de que possui um defeito na aparência que a incapacita de conviver em sociedade. Por isso, os portadores dessa síndrome se envolvem em uma série de comportamentos no intuito de melhorar esse aspecto defeituoso do corpo e para que possam minimamente ter uma aparência aceitável, que não chame a atenção dos demais pela sua suposta "feiúra". Ou seja, os portadores de TDC não se preocupam em estar mais bonitos, mas em se tornar menos feios.

O transtorno dismórfico corporal é comum na população? Ele ocorre mais em homens ou em mulheres?

Aqueles que sofrem com TDC costumam ter muita vergonha de sua preocupação com o corpo e não costumam falar sobre isso abertamente. Além disso, essas pessoas não se reconhecem como portadoras de um sofrimento psíquico e acham que seu problema é puramente físico.

Capítulo 9 | Transtorno dismórfico corporal

Essas duas situações acabam por comprometer os estudos acerca da prevalência do TDC na população, fazendo com que a maioria das taxas encontradas esteja subvalorizada. De qualquer modo, com frequência, os estudiosos descrevem que 1% a 2% da população sofrem com o TDC. A depender da amostra de pessoas estudadas, esse valor pode ser maior ainda. Por exemplo, acredita-se que 7% a 15% dos indivíduos que procuram a cirurgia plástica e 14% dos que estão em acompanhamento com dermatologistas possam sofrer do TDC.

Ambos os sexos parecem ser igualmente acometidos por esse transtorno, mas isso não é um consenso entre os estudiosos. Por exemplo, as formas mais leves de TDC parecem atingir mais as mulheres do que os homens.

É importante ter em mente que essa síndrome pode se desenvolver em qualquer etapa da vida das pessoas, porém seu início costuma ocorrer entre os 14 e 20 anos de idade.

Quais são as áreas do corpo com as quais mais comumente os portadores de dismorfofobia se preocupam?

Os portadores do TDC podem se preocupar tanto com determinado aspecto da sua aparência quanto com regiões corporais maiores, com sua musculatura e com o tamanho geral do corpo.

Não é incomum que essas pessoas estejam atormentadas com o aspecto de diversas partes do corpo ao mesmo tempo e que ocorra ao longo da doença alternância entre as regiões corporais que são alvo da preocupação (por exemplo: um paciente inicialmente se queixa que seu nariz é muito grande e torto, mas, no decorrer do tratamento, deixa de se preocupar com essa área, desenvolvendo logo em seguida um incômodo clinicamente importante com o aspecto pontiagudo do seu queixo).

Geralmente, os aspectos do corpo que são alvo de maior preocupação dos acometidos pelo TDC se encontram na face ou na cabeça, como cabelo, acne, rugas, cicatrizes, palidez ou rubor, pelos faciais excessivos, nariz, olhos, boca, entre outros.

Série Dilemas Modernos - Dependências não químicas e compulsões modernas

É preciso estar atento para as diferenças que existem entre os sexos: enquanto as mulheres se queixam mais de alguma característica de seus seios, quadril ou pernas, os homens focam mais em outras partes como genitália, pelos corporais em excesso, calvície e altura.

A preocupação excessiva com o peso é uma forma de transtorno dismórfico corporal?

Não, a preocupação excessiva com o peso, ou seja, com o número marcado por uma balança, é característica da anorexia nervosa e da bulimia nervosa, ambas conhecidas como transtornos da alimentação.

Nesses quadros, além do peso, o portador também pode se preocupar com sua forma física, ou seja, a própria silhueta que pode ser visualizada quando alguém se coloca em frente a um espelho, por exemplo. Uma das diferenças entre esses quadros e o TDC é que os primeiros ocorrem mais comumente em mulheres e levam a problemas mais relacionados com a alimentação.

Entretanto, em todas essas condições, a pessoa apresenta distorção da sua imagem corporal, tem dificuldade de se reconhecer como doente e sente vergonha dos seus sintomas e do seu aspecto físico. Por conta disso, muitos estudiosos afirmam que os transtornos alimentares e o TDC são muito mais parecidos do que diferentes entre si.

O que é vigorexia?

A vigorexia, atualmente conhecida como dismorfia muscular, é considerada um subtipo de TDC em que a pessoa se preocupa com a sua musculatura. Até o momento, ela ainda não foi reconhecida oficialmente pelos manuais médicos, mas cada vez mais os clínicos e pesquisadores vêm se deparando com esses casos, que parecem ser bem mais comuns em homens.

Capítulo 9 | Transtorno dismórfico corporal

Na dismorfia muscular, o indivíduo apresenta preocupação persistente e exagerada de que é insuficientemente grande e musculoso (apesar de apresentar massa muscular considerável). Essa percepção causa muito sofrimento ao portador, que acaba se envolvendo em atividades de levantamento de peso de maneira compulsiva, seguindo uma dieta altamente restrita de proteínas e chegando mesmo a utilizar substâncias que aumentam o desempenho físico e o ganho muscular (incluindo os famosos anabolizantes) de modo descontrolado e prejudicial à saúde.

Assim como na vigorexia, existem comportamentos compulsivos nos demais subtipos de transtorno dismórfico corporal?

Sim. Na verdade, essa é outra característica importante do TDC: a preocupação com determinado aspecto do corpo leva o acometido a se envolver em comportamentos que podem ter o objetivo de atenuar o defeito percebido, de camuflá-lo, de checar a presença dele ou de evitá-lo. Eles são conhecidos nesse transtorno como comportamentos compensatórios.

São inúmeros os exemplos dessas atitudes. Os portadores do TDC podem usar maquiagem, acessórios ou roupas para camuflar o defeito imaginado. Por exemplo: uma garota é atormentada pela presença de uma leve cicatriz em seu rosto e só consegue sair de casa se passar horas em frente ao espelho se maquiando até ter a certeza de que a deformidade facial não poderá ser percebida pelos outros.

Do mesmo modo, um rapaz incomodado com uma perda de cabelo irreal não consegue se relacionar com as pessoas e só consegue interagir com os outros se estiver usando um chapéu para disfarçar o defeito imaginado e, mesmo assim, com muito sofrimento. Na dismorfia muscular, o sujeito pode passar horas praticando musculação e, ainda assim, nunca se sente seguro da sua muscularidade. Por conta disso, deixa de se dedicar aos estudos, prejudicando seu desempenho escolar.

Série Dilemas Modernos - Dependências não químicas e compulsões modernas

Outro exemplo é o da garota que fere todo o seu rosto beliscando-o na tentativa de eliminar acnes que não existem. Com frequência, essas pessoas, para melhorarem o defeito percebido, procuram ajuda médica de cirurgiões plásticos e dermatologistas, os quais, por não perceberam os problemas psicológicos delas, acabam submetendo-as a tratamentos e intervenções cirúrgicas desnecessários, e colocando-as em risco.

Essas pessoas também podem checar o tempo todo o aspecto daquelas partes corporais que as incomodam patologicamente, o que também pode constituir um círculo vicioso que impede que elas funcionem normalmente. O portador de TDC pode passar horas em frente ao espelho antes de ir trabalhar até que fique menos angustiado com aquele defeito imaginado. Também é comum que os acometidos procurem as pessoas de sua confiança para que elas lhes assegurem de que está tudo bem com sua aparência.

O problema é que, na maior parte das vezes, após o comportamento compensatório, o indivíduo experimenta alívio apenas momentâneo da sua angústia, e logo depois ele se sente compelido a desenvolver outro ato para atenuar sua preocupação. Também é comum que o portador de TDC, ao ser assegurado por alguém próximo de que não há nenhum problema na sua aparência, acredite que essa pessoa está sendo apenas delicada e não esteja dizendo a verdade.

Existe alguma relação entre os comportamentos compensatórios do TDC e os comportamentos aditivos?

Sim, na verdade, existem muitas semelhanças entre eles. O paciente portador do TDC sente-se compelido a realizar esses atos e obrigado a iniciá-los ainda que não concorde com eles e queira parar. Ou seja, a doença prevalece sobre a própria vontade do indivíduo. Ao tentar não se envolver nesses comportamentos, a pessoa pode ser acometida por angústia muito intensa e sofrer até mesmo

Capítulo 9 | Transtorno dismórfico corporal

de sintomas físicos semelhantes aos de abstinência de drogas, como palpitações, insônia e inquietude.

Nessas situações, o sujeito pode sentir-se obrigado a realizar esse comportamento no intuito de obter alívio para o mal-estar físico. Da mesma forma, o desejo intenso de iniciar um comportamento compensatório pode fazer com que a pessoa só busque o prazer imediato, sem levar em consideração as consequências negativas dele. Por exemplo: apesar de já ter se submetido a diversas cirurgias plásticas por causa de uma deformidade imaginada nos lábios, uma senhora pode procurar realizar uma nova intervenção cirúrgica apesar dos riscos inerentes a esse procedimento, acreditando que, dessa vez, conseguirá resolver o seu problema.

Em raros casos, quando essas pessoas não têm seus pedidos de cirurgias ou procedimentos cosméticos aceitos pelos profissionais da saúde, elas podem tentar por conta própria realizar alguma intervenção nelas mesmas tamanha a necessidade de ter sua deformidade imaginária corrigida.

Existe tratamento para o transtorno dismórfico corporal? É possível obter cura para ele?

Sim, os portadores dessa patologia podem contar com intervenções psicoeducativas, com o objetivo de se esclarecer sobre a natureza de sua patologia, além de tratamento medicamentoso (basicamente antidepressivos já conhecidos como fluoxetina) e psicoterapia (especialmente terapia cognitivo-comportamental).

O TDC costuma ser uma condição crônica marcada por períodos de melhora e de piora dos sintomas. Com o tratamento, as chances de a pessoa deixar de sofrer são maiores. Ainda assim, há risco de recaída e, por isso, não se pode usar o termo "cura" nessa situação. Porém, com a manutenção do tratamento mesmo após a melhora e o desenvolvimento de determinadas técnicas cognitivas e comportamentais, o paciente será capaz de lidar melhor com o res-

Série Dilemas Modernos - Dependências não químicas e compulsões modernas

surgimento da sintomatologia, vivenciando episódios mais curtos e menos sofridos.

Como reconhecer que alguém próximo está sofrendo de transtorno dismórfico corporal? E como ajudá-lo?

Existem alguns sinais que podem evidenciar que uma pessoa próxima (ou até mesmo o próprio leitor) esteja sofrendo de um transtorno da imagem corporal. Alguém que vem demonstrando preocupação descabida acerca de determinado aspecto do corpo, que pede constantemente que as pessoas ao seu redor avaliem se está tudo bem com sua aparência e que vem se isolando gradativamente pode estar sofrendo desse quadro. Outros exemplos são aqueles que não conseguem parar de checar constantemente seu corpo no espelho, que sofrem de baixa autoestima, especialmente em relação à sua aparência, ou que se submetem de maneira excessiva a procedimentos cosméticos e ainda assim não ficam satisfeitas com o resultado.

Também se deve ficar atento a rapazes que estejam se dedicando de modo exagerado à prática de musculação (por exemplo: por muitas horas, de modo a se prejudicarem no trabalho, nos estudos ou nos relacionamentos) e que deixem de comer fora de casa para evitar sair de um regime dietético extremamente restritivo. Esses homens podem até mesmo vestir diversas camadas de roupa, uma por cima da outra, para parecerem mais musculosos do que são.

O fato de essas pessoas não entenderem que possuem um problema emocional pode tornar difícil a abordagem desse assunto com elas. Desse modo, é sempre aconselhável uma aproximação empática e indireta. Quer dizer, é importante que se aborde esse tema a partir de outros aspectos (por exemplo: o mau desempenho nos estudos, o isolamento), não se falando diretamente sobre o transtorno. A atitude deve ser acolhedora, de modo que a pessoa não se sinta afrontada ou que não tenha a sensação de ter tido seu segredo descoberto.

Leitura sugerida

1. American Psychiatric Association. Diagnostic and Statistical Manual of Mental Disorders. 4th ed. Washington, DC: American Psychiatric Association; 1994.
2. Pope HG Jr, Phillips KA, Olivardia R. O complexo de Adônis: a obsessão masculina pelo corpo. Rio de Janeiro (RJ): Campus; 2000.
3. Paxton SJ, Hay PJ. Interventions for body image and eating disorders. Melbourne: IP Communications; 2009.

Como buscar ajuda?

Walter Mattos

A inclusão deste capítulo, num livro que tem como objetivo fundamental informar o público sobre dependências não químicas, revela uma questão central nesse tipo de patologia: o fato de a dependência não química ser cercada de estigmas e incompreensões que a tornam um dos piores problemas de saúde mental, para pacientes e familiares, em termos de reconhecimento do problema e tomada de ação para tratamento.

De certo modo, esse é um problema que acompanha, em grau de dificuldade de aceitação, várias outras formas de transtornos mentais. Por outro lado, no entanto, talvez seja aquele em que mais agudamente se configura no portador do distúrbio uma discriminação social.

Série Dilemas Modernos - Dependências não químicas e compulsões modernas

Por que é difícil buscar ajuda numa dependência não química?

Construímos, ao longo dos últimos séculos, com os recursos do método científico e do crescimento da capacidade de informação, um repertório totalmente novo para explicar, nomear e entender diversas manifestações do comportamento humano, entre elas as dependências não químicas.

Da mesma forma, a farmacologia dos transtornos mentais tem se desenvolvido de forma a prover, cada vez mais e melhor, ferramentas de tratamento para esse tipo de transtorno.

Socialmente, no entanto, demoramos mais para absorver ideias que desconstruam generalizações e preconceitos. E são esses preconceitos que levam a pessoa portadora de uma dependência não química a suportar um fardo adicional aos problemas causados pelo transtorno e a relutar na busca por tratamento e ajuda. Este capítulo tenta contribuir para diminuir esse fardo.

Quais as barreiras para buscar ajuda?

- Reconhecer o excesso: Como em vários outros tipos de dependência, o primeiro obstáculo para a busca de ajuda é reconhecer que um determinado comportamento está causando danos. A dificuldade nesse reconhecimento vem do fato de que, com frequência, não percebemos quando algo se tornou "demais". E, infelizmente, a desmedida é uma característica intrínseca à natureza humana.
- Superar o estigma e a vergonha: Fazer juízos de valor faz parte da condição humana. Atribuições de "certo" e "errado" norteiam nossa vida, servem como parâmetros para interações sociais e estão entre as mais importantes capacidades que nos distinguem dos outros seres vivos. No entanto, muitas vezes direcionamos a outras pessoas, de forma prejudicial e dolorosa, sentenças de condenação por comportamentos

Capítulo 10 | Como buscar ajuda?

que elas deixaram de poder controlar. São essas condenações, a voz que diz "você está errado", "você não tem força de vontade" ou "você tem uma falha de caráter", que impedem em muitas pessoas a busca por ajuda.

Como reconhecer uma dependência não química?

O consumo de drogas, substâncias químicas lícitas (como o álcool ou o tabaco) ou ilícitas (como a maconha ou a cocaína) que alteram o funcionamento do sistema nervoso, é, por si só, um convite ao excesso. Fumar demais e beber demais, por exemplo, estão entre os problemas mais conhecidos e danosos da sociedade contemporânea.

Mas o que dizer dos outros excessos? Trabalhar demais, comprar demais, jogar demais, assistir à televisão demais, navegar na internet demais, ter desejo ou fazer sexo demais etc.?

Tipicamente, demoramos a perceber quando alguma coisa se torna excessiva. Da mesma forma que um alcoolista, que se refugia numa dose de bebida que aumenta a cada dia até que ele se vê dominado pela substância, um dependente não químico frequentemente tem aumento progressivo de intensidade de determinado comportamento, até um ponto em que se vê subjugado por ele.

Como não há uma linha clara, quantitativa, que delimite a fronteira entre a frequência que separa um comportamento saudável de um não saudável, a métrica a recorrer é simples: perguntar-se, honestamente, se a frequência do comportamento está causando danos.

Jogos, sexo, compras, internet etc., considerados também dentro de seus limites legais e socialmente aceitáveis, são legítimas fontes de prazer e de interação social. Porém, se esses comportamentos estiverem prejudicando essa interação social, ou causando danos familiares, ocupacionais ou sofrimento pessoal, é sinal de que um limite foi excedido.

Série Dilemas Modernos - Dependências não químicas e compulsões modernas

Esse limite pode ser distinto para cada pessoa, por isso vale a pena repetir: não é a quantidade que define o excesso, mas sim o dano ou prejuízo.

Outras pessoas, principalmente familiares e amigos mais próximos, podem ajudar uma pessoa a enxergar o fato de que certo comportamento se tornou um problema. Entretanto, é fundamentalmente a própria pessoa que se tornou dependente que, para buscar ajuda, precisa reconhecer sua desmedida.

Questões simples podem ser feitas no sentido de obter esse reconhecimento:

- Esse comportamento tem prejudicado meu trabalho?
- Esse comportamento tem prejudicado minha convivência em família?
- Estou usando tempo, energia ou dinheiro demais para realizar esse comportamento?
- Sinto-me arrependido por ter esse comportamento, com frequência?
- Penso demais nesse comportamento?
- Acho que esse comportamento me afasta de amigos e relações sociais?
- Gostaria de parar ou reduzir esse comportamento e não consigo?
- Esse comportamento tem aumentado de intensidade ao longo do tempo?
- Sinto que, no dia a dia, não posso abrir mão desse comportamento?

Se você consegue responder às perguntas honestamente para si mesmo, e a resposta à maioria das questões é "sim", está na hora de procurar ajuda.

Como superar o estigma e a vergonha?

Fazer juízos de valor faz parte da condição humana. Atribuições de "certo" e "errado" norteiam nossa vida, servem como parâmetros

Capítulo 10 | Como buscar ajuda?

para interações sociais e estão entre as mais importantes capacidades que nos distinguem dos outros seres vivos. No entanto, muitas vezes direcionamos a outras pessoas, de forma prejudicial e dolorosa, sentenças de condenação a comportamentos que elas deixaram de poder controlar. São essas condenações, a voz que diz "você está errado", "você não tem força de vontade" ou "você tem uma falha de caráter", que impedem em muitas pessoas a busca por ajuda.

A ciência tem nos permitido reconhecer alguns dos mecanismos cerebrais que levam as pessoas a cometerem excessos, e esses mecanismos são idênticos nas situações de dependências químicas e não químicas.

No caso das dependências químicas, a despeito do enorme estigma envolvido com seu uso (principalmente com as drogas ilícitas), a sociedade vai aos poucos descontruindo certos mitos e preconceitos. Hoje já é possível um entendimento mais equilibrado do fenômeno da dependência, com uma consequente tolerância e capacidade de aceitação do dependente. É possível ver o dependente não apenas pelos olhos do juízo moral, mas também, em muitos casos, como vítima de um contexto agressivo, de falta de proteção social e familiar, como portador de patologias e predisposições genéticas que agravam o risco da dependência e, acima de tudo, como vítima do contato com uma substância extremamente poderosa.

No entanto, no caso das dependências não químicas, ainda estamos socialmente distantes desse tipo de entendimento. Em geral, o dependente não químico é rotulado com base na incapacidade moral.

Algumas dependências não químicas têm se tornado mais comumente aceitas, com reflexos dessa mudança na mídia. Há casos bastante noticiados de personalidades que tornaram públicos problemas de "sexo compulsivo", e esse assunto vem sendo bastante explorado em diversos programas televisivos não especializados. No entanto, outras dependências não químicas, como o jogo compulsivo, apesar de serem conhecidas e frequentarem a pauta de problemas familiares desde há muito tempo, são escondidas e tratadas apenas como falha de caráter e falta de determinação.

85

Série Dilemas Modernos - Dependências não químicas e compulsões modernas

Não queremos dizer com isso que as pessoas em geral, e os dependentes não químicos em particular, devam ser vistos como sem capacidade de determinação. Muito pelo contrário! Podemos dizer que, ao lado da capacidade de atribuição de valor, o livre arbítrio é um atributo humano fundamental.

Porém, precisamos enfrentar o fato de que, muitas vezes, podemos perder esse livre arbítrio na esteira de um comportamento que tomou proporções não imaginadas.

Como é a personalidade de um dependente não químico?

Tipicamente o dependente não químico é justamente o oposto do que pensa dele o senso comum. Em vez de um indivíduo sem freios morais, que não se importa com os outros e não reconhece os prejuízos de seu comportamento, a maioria dos dependentes não químicos que chegam aos serviços de tratamento se encontra abalada moral e emocionalmente, com consciência e culpa dos prejuízos que causou para si e para outros, e sentindo enorme vergonha por não conseguir se controlar.

Não raro, essas pessoas relatam um processo em que a escalada do comportamento negativo foi acompanhada de tentativas de aconselhamento com amigos e familiares e que, da parte dessas pessoas, ouviram conselhos do tipo "é só você querer que você para", aumentando ainda mais a sua sensação de vergonha e baixa autoestima, ao se reconhecerem incapazes de mudar.

E por que isso ocorre?

Ora, com nossa capacidade de autodeterminação e nossa capacidade de juízo moral, outra grande característica que nos distingue de outros seres vivos é a capacidade de construir uma autoimagem.

Cada um de nós tem uma ideia de quem é, de como é, do que foi e do que ainda deseja ser, mas também cada um de nós forma essa

Capítulo 10 | Como buscar ajuda?

autoimagem fundamentalmente com aquilo que os outros dizem sobre nós e a forma como nos olham.

Ou seja, para a grande maioria da humanidade, a opinião dos outros é importante. E quando sentimos que a opinião dos outros pode ser desfavorável, nos escondemos ou ficamos angustiados e, não raro, nos aprofundamos em nossos vícios ainda mais, para tentar aplacar essa angústia.

É por isso que a ajuda ao dependente deve ser dada por profissionais especializados, com domínio de técnica e experiência que permita construir vínculos que o façam se sentir minimamente confortável para encarar a condição temporária de perda da capacidade de autodeterminação.

E é por isso, também, que é tão perigosa a "ajuda" proporcionada por pessoas não especializadas, por melhor que seja a intenção delas.

Quem se sente em risco de dependência não química, ou avalia que um determinado comportamento se tornou danoso em sua vida, deve saber que um profissional especializado estará pronto para ouvi-lo sem julgamento e sem preconceito, e preparado para indicar o melhor caminho terapêutico.

Buscar ajuda não é sinônimo de culpa ou fraqueza. Pelo contrário, é assumir com grandeza a natureza humana e reconhecer que todos nós temos limitações.

Onde buscar tratamento?

Infelizmente existem muito poucos serviços especializados em dependências não químicas. De qualquer forma, seja na rede de saúde pública ou em serviços privados, procure ajuda profissional.

Tipicamente um psiquiatra ou um psicólogo com experiência clínica poderá ajudá-lo ou encaminhá-lo para um serviço ou outro profissional especializado. Dê preferência para serviços ou profissionais que contem com uma rede multidisciplinar de atendimento. A dependência é uma patologia complexa, multifatorial, com pe-

Série Dilemas Modernos - Dependências não químicas e compulsões modernas

culiaridades pessoais e que demanda tratamento longo e delicado. Equipes ou redes capazes de combinar tratamentos complementares tais como psiquiatria, psicoterapia, terapia ocupacional e outros recursos sociais tendem a ter maior eficácia do que tratamentos isolados.

Lembre-se de que há preconceitos a serem vencidos. Tornar-se dependente é um risco para todos os seres humanos. Cada um de nós já passou pela experiência de querer fazer algo e não conseguir, por falta de força ou coragem. Muitas vezes temos dificuldade de aceitar no outro o que não aceitamos em nós mesmos, e é isso o que leva as pessoas não especializadas a estigmatizarem o dependente não químico ou a tentarem diminuir o problema com conselhos simples.

Cada um de nós deve ser livre para fazer escolhas e enfrentar as consequências, positivas e negativas, de nossos atos. No entanto, há momentos na vida em que experimentamos limites desse livre-arbítrio, conflito moral e crises de autoimagem. Essa experiência, apesar de angustiante, é profundamente humana. Superá-la é algo que pode e deve ser usado como metáfora do processo de crescimento e autoconhecimento a que todo ser humano está submetido.

A finalidade do tratamento de uma dependência, química ou não, é recuperar no indivíduo a capacidade de fazer suas escolhas e se enxergar como ser humano livre.

Sugestão de leitura

1. Goffman E. Estigma: notas sobre a manipulação da identidade deteriorada. Rio de Janeiro, RJ: LTC Editora; 1988.

A família inserida no tratamento

Eugenia Koutsantonis Portela Pires

Cada um dos transtornos diagnosticados como dependência não química possui a sua própria característica e especificidade, como foi observado nos capítulos anteriores. Já a estrutura familiar parece manter o mesmo padrão de funcionamento, independente das alterações individuais observadas nas diferentes dependências, tanto químicas como não químicas. Neste capítulo discutiremos esse padrão de funcionamento familiar e a forma como ele se insere no tratamento do dependente.

Como é o comportamento do dependente não químico?

Muitos dos comportamentos patológicos das dependências não químicas são comuns, corriqueiros e fazem parte de nossas vidas. Temos necessidade de comer e de fazer sexo, queremos ser belos e admirados, compramos coisas para o nosso dia a dia e bem-estar, usamos a internet para nos comunicar, trabalhar ou como forma

Série Dilemas Modernos - Dependências não químicas e compulsões modernas

de lazer e é comum ver pessoas tentar a sorte, jogando em bingos, apostando em corrida de cavalos, loterias ou jogo do bicho.

Por isso, muitos dos comportamentos específicos das dependências passam a ser vistos como patológicos pelos familiares somente quando são exagerados, quando se tornam a única fonte de prazer do dependente, quando este apresenta grande inquietação ao não conseguir realizar esses comportamentos, quando ocorre perda de controle, perda da liberdade ou principalmente, quando as atitudes relacionadas com a dependência interferem em outras esferas pessoais, com prejuízo nas áreas profissionais, acadêmicas, pessoais ou familiares.

As causas das dependências não químicas são multifatoriais. Destacam-se dentre possíveis determinantes a herança genética (tendência ou predisposição), a psicopatologia associada a outras doenças de base (dependência de álcool, depressão, transtornos de ansiedade e humor), o ambiente familiar, a pressão do grupo, algumas profissões (atletas, ginastas, bailarinos, dançarinos, modelos) que podem favorecer o desenvolvimento de transtornos alimentares e outros estressores psicossociais.

As dependências afetam os indivíduos de diversas faixas etárias e níveis educacionais e econômicos, porém as dependências não químicas devem ser sempre diagnosticadas por um profissional qualificado, de acordo com os critérios reconhecidos.

O que o dependente procura?

As dependências não químicas são muitas vezes transtornos da relação familiar e transtornos de vínculo (ou falta de). Quando se está só, sem poder contar com ninguém, pode-se buscar refúgio no jogo, no trabalho, nas compras sem pensar, no sexo compulsivo, na internet, na geladeira, escondendo-se para não ser visto, buscando modificar o seu próprio corpo. Esses indivíduos são puxados para dentro do buraco negro de suas fixações, e sobra muito pouco de energia para terem quaisquer outros interesses ou preocupações.

Capítulo 11 | A família inserida no tratamento

São pessoas que vivem em constante agonia, levadas a fazer coisas, contra si próprias, que podem ir contra tudo que planejaram para si. Estão presas em uma armadilha e são vítimas torturadas de uma violência da qual não podem escapar porque são seus próprios algozes.

O que a maior parte dos dependentes deseja é o que a maioria das pessoas também quer: amor, conforto e uma sensação de plenitude psíquica. No entanto eles buscam essa satisfação de maneira inadequada, por meio de comportamentos disfuncionais que geralmente levam a frustrações pessoais, já que essas necessidades não são completamente preenchidas.

Existe uma busca de satisfação, por ser aceito, e vivemos numa sociedade de consumo perversa, com uma mídia muito agressiva, que bombardeia o tempo todo com mensagens estimulando a conquista de *status*, de dinheiro e do padrão ideal de beleza e de consumo. Fica fácil assim, imaginar por que esta sociedade facilita e gera tantos transtornos e disfunções emocionais.

Como a dependência afeta a família?

As dependências não químicas em suas manifestações mais comuns, como jogo patológico, compras, internet, trabalho, transtornos alimentares e sexo compulsivo, representam um enorme desafio para os profissionais da saúde. Apesar de serem enfermidades há muito tempo conhecidas, esses transtornos adquiriram caráter de epidemia na sociedade ocidental, nos últimos anos.

Qualquer doença afeta a família como um todo, e não apenas o dependente. Sendo assim, todos os membros da família ficam com suas vidas alteradas, de maneira sutil e também significativa ao longo do curso da dependência. Os familiares e aqueles com os quais o indivíduo interage no seu dia a dia são, na maioria dos casos, os mais afetados pelos comportamentos dos dependentes.

É comum que os familiares apresentem queixas sobre as dificuldades enfrentadas na lida com o dependente não químico, pois relatam muitas vezes que diminuíram sensivelmente a sua vida

Série Dilemas Modernos - Dependências não químicas e compulsões modernas

social, o engajamento no trabalho, o sono e a qualidade de vida por causa da convivência com problemas decorrentes dos comportamentos da dependência de um dos parentes.

A família, no período do enfrentamento da dependência não química, sofre mudanças em diversas áreas:

- Área social: isolamento do dependente ou de familiares em virtude de estigmas, vergonha, mudança de papéis e perda de controle e autonomia no espaço familiar.
- Área financeira: muitas vezes é comum o endividamento para manter a dependência, impondo sacrifícios aos membros da família.
- Área emocional: é a mais abalada pelo sofrimento que a dependência provoca não só no dependente, como em todos os membros da família.

Como é o processo de descoberta da dependência?

A família demora tanto para perceber que algum membro desenvolveu ou está desenvolvendo uma dependência não química quanto para buscar ajuda, já que muitos desses comportamentos são comuns e algumas vezes podem até ser estimulados pelos familiares. O dependente costuma esconder e mentir sobre os seus comportamentos disfuncionais e, quando a descoberta acontece, muitas vezes a pessoa já está muito envolvida e com sérios prejuízos em várias áreas de sua vida.

Para facilitar o entendimento, ilustraremos alguns casos.

- Dependência de compras: Consumir é algo bem aceito em nossa sociedade. Somos todos bombardeados e estimulados a comprar e, como a doença está relacionada principalmente ao desejo incontrolável da compra, é natural que a família tenha dificuldade em notar o comportamento exagerado do dependente. Em geral, a dependência só é notada em uma

Capítulo 11 | A família inserida no tratamento

fase tardia da doença, quando o paciente já está desorganizado, comprou além de sua capacidade de uso próprio e, na maioria dos casos, quando se endividou em decorrência das compras excessivas.

- Jogo patológico: É muito comum o dependente mentir para encobrir a extensão de seu envolvimento com o jogo. Nesses momentos, ele nega o problema, endivida-se e afasta-se dos amigos e familiares. Infelizmente, o jogador só costuma procurar ajuda quando sua situação já é muito grave, e algumas vezes sua família não sabe que ele está em tratamento.

- Dependência de internet ou de jogos eletrônicos: O familiar do dependente inicialmente até gosta de ver o dependente em casa utilizando o computador. A preocupação normalmente aparece quando há aumento significativo no isolamento social e piora no rendimento escolar e acadêmico do dependente. É comum também a substituição de atividades sociais, como estudar, conviver com amigos, praticar esportes e dormir, por atividades exclusivamente relacionadas com a internet e o computador.

- Dependência de sexo: O dependente de sexo pode conviver com esse transtorno por muitos anos, antes de perceber que se trata de um problema sério. Normalmente, ele só busca tratamento quando já está com a vida social abalada, havendo prejuízo tanto nas relações familiares e matrimoniais quanto em seu desempenho no trabalho. Como existe essa dificuldade em perceber a própria dependência, os primeiros a notar os sintomas são os familiares, amigos e colegas de trabalho. Sintomas comuns relacionadas a esse transtorno são modificações relevantes no comportamento, preocupação exagerada com pensamentos sexuais e prejuízo nas atividades diárias e relacionamentos afetivos.

Série Dilemas Modernos - Dependências não químicas e compulsões modernas

A reação dos familiares perante a descoberta de um parente que apresente a dependência não química varia segundo o envolvimento e a relação entre o familiar e o dependente. Pode-se ter um caso em que o filho apresente o transtorno, um caso com um primo distante ou um caso com o principal provedor financeiro da família. De fato, as reações em cada caso terão um amplo espectro de variações.

É compreensível que se observe raiva, angústia, frustração e sofrimento gerados com a descoberta, por exemplo, de um grande endividamento originado pelo jogo, ou pela descoberta da dependência por compras de um de seus entes queridos.

Em geral, na mente dos familiares surgem inúmeras perguntas que, quando não respondidas, os deixam confusos e inseguros sobre como proceder. Inicialmente, há desespero e muitas vezes até desestruturação familiar por causa da situação inesperada. Quando a família procura esclarecimento ou ajuda profissional, pouco a pouco essa insegurança começa a ceder e a dar espaço a um novo processo de reorganização familiar e ao surgimento de recursos de enfrentamento.

O que acontece quando a dependência é um segredo?

Quando o dependente mantém em segredo sua dependência, tanto ele como sua família permanecem sem os recursos necessários para o manejo dessa informação e dos efeitos dela, que incidem tanto sobre o indivíduo como sobre seus relacionamentos. É muito comum o dependente omitir-se e afastar-se do convívio familiar, desenvolvendo uma dinâmica de autoproteção em relação ao mundo externo.

Essa característica disfuncional em permanecer fechado permeará outros segmentos de sua vida e da vida dos seus familiares. Nesse momento, a dependência se torna um segredo também para

Capítulo 11 | A família inserida no tratamento

as famílias. O dependente não quer falar de sua doença, e a família faz de conta que não quer ver ou ouvir falar sobre o assunto. Essas famílias mais fechadas e leais às regras do não falar, não confiar e não sentir frequentemente criam mitos familiares ou histórias desonestas para esconder esses segredos. No momento, porém, em que esse segredo é revelado, a família sente-se traída, e sentimentos como raiva, desespero e culpa podem surgir com muita intensidade. A cegueira em não enxergar os sinais da dependência é um movimento natural, mas disfuncional e inconsciente da família para evitar uma crise.

Podemos responsabilizar alguém pela dependência?

Pode-se facilmente responsabilizar a família pelos comportamentos patológicos e inadequados de seus membros ou, por outro lado, vitima-la culpando esses dependentes pela introdução de um fator de sofrimento e de uma crise no âmbito familiar. Existe instabilidade do papel familiar nesse campo, sendo a família protetora em algumas circunstâncias, em relação a alguns comportamentos, ou inerte em relação a outros.

Não há um perfil que defina um único padrão familiar em relação às dependências não químicas. Relações familiares, cuja comunicação é frequentemente inconsistente e ambígua, e nas quais a mesma resposta pode estar sujeita a diferentes significados e consequências, geram uma condição de falta de controle, favorecendo mais respostas de ansiedade e depressão.

A família é mais um dos universos pelos quais transita o fenômeno das dependências e é necessariamente o aglutinador de um conjunto de variáveis importantes. Ela é também a rede cuidadora mais frequentemente vista nos serviços de saúde, e portanto é tema e alvo de intervenções específicas nesse campo, necessitando de informações e gerando necessariamente reflexões, especulações, ideias e possibilidades.

Série Dilemas Modernos - Dependências não químicas e compulsões modernas

Qual é o papel da família no tratamento?

A família deveria ser tanto um lugar seguro para crescer quanto um local adequado para gerar pessoas que possam se desenvolver e amadurecer fisicamente, com direito a individualidade e personalidade própria. Pode-se afirmar que a família possui uma função de grande valor e de suma importância no tratamento das dependências não químicas.

As pessoas geralmente procuram a terapia para eliminar as crises, solucionar problemas e, principalmente, anestesiar a dor e o sofrimento. A terapia é um espaço de promoção de encontros interpessoais e familiares, com o objetivo de valorizar a história de vida dos participantes e proporcionar o resgate da identidade, a restauração da autoestima e da autoconfiança, e a ampliação da percepção dos problemas e das possibilidades de resolução com base nas competências pessoais.

Para o terapeuta familiar, a família é uma unidade e, quando um ou mais membros apresentam problemas, é o lugar de intervenção. A terapia baseada nessa premissa tem por objetivo mudar a organização familiar. Quando essa organização é transformada, a vida de cada membro é correspondentemente alterada. A terapia enfatiza a mudança no sistema familiar, sobretudo pela reorganização da comunicação entre os membros da família.

O passado é abandonado como questão central, e o foco de atenção é o modo de comunicação no momento atual. Os terapeutas se abstêm de fazer interpretações na medida em que assumem que novas experiências (no sentido de um novo comportamento que provoque modificações no sistema familiar) é que geram mudanças. Nesse sentido, são usadas prescrições nas sessões terapêuticas, para mudar padrões de comunicação, e prescrições fora das sessões, com a preocupação de encorajar uma gama mais ampla de comportamentos comunicacionais no grupo familiar.

Não se negam os sintomas do dependente, nem se minimiza o sofrimento dos familiares. Todos fazem parte de uma família lutando com dificuldades. A dor é uma experiência individual, mas quando os membros da família param de enfatizar o comportamento frustrante do outro e se responsabilizam juntamente com o dependente por seus atos, eles passam a enxergar os problemas de outra forma e descobrem novas opções de relacionamento.

Concluímos, assim, que é fundamental unir a família e o paciente para que, juntos, possam encontrar maneiras e alternativas variadas de reconstruir e ressignificar suas vivências, libertando-se dos padrões de comportamentos disfuncionais e inadequados.

Sugestões de leitura

1. Silveira DX, Moreira FG. Panorama atual de drogas e dependências. São Paulo, SP: Atheneu; 2006.
2. Minuchin S, Nichols MP. A cura da família: histórias de esperança e renovação contadas pela terapia familiar. Porto Alegre, RS: Artes Médicas; 2001.

www.graficapallotti.com.br
(51) **3081.0801**